Deepen Your Mind

前言

近年來，第三方支付業務的資金規模不斷擴大，支付業務量穩步增長，「第三方支付」及「行動支付」已成為年度搜尋熱詞，支付平台作為網際網路產品及其在商業化過程中資訊流和資金流的支撐，也成為國外內各大網際網路公司必建的基礎平台之一。

這是一本說明支付平台架構相關的業務、規劃、設計與實現的工具書，對企業在第三方支付平台架設過程中可能有關的企業監管與標準、系統基礎架構、業務流程、技術和元件選型列出想法和指引。

全書總計 6 章，涵蓋了第三方支付平台架設所有關的各方面，包含支付收銀台產品、融合支付產品、支付前端、交易引擎、支付系統、通道管理與路由、帳戶與帳務系統、風控系統等。

第 1 章說明收銀台的發展歷史及其在歷史處理程序中的實際表現形式，以及人們目前廣泛使用的實際支付產品和表現形式，啟動讀者對第三方支付平台入口「收銀台」有一個感性的認識，並建立線下支付產品的概念。

第 2、3 章從業務和技術的角度說明整個收銀台產品（從收銀台 SDK 到收銀台後端）的業務流程、技術選型和技術實現。

第 4 章說明中國大陸較著名的第三方支付平台通道管理和路由相關的內容，並從支付通道的角度說明中國銀聯、中國網聯的業務和封包結構、支付機構備付金機制，以實例形式說明如何連線中國銀聯的支付通道。

第 5 章說明第三方支付平台的帳戶與帳務系統，詳細說明第三方支付平台的記帳、對帳和核算等業務流程及技術實現。

第 6 章説明為整個支付平台提供安全保障的技術方法、實現場景和風控系統。

無論是對於想自建第三方支付平台的企事業單位、第三支付從業人員、傳統金融從業人員，還是對於網際網路支付金融企業的產品經理、技術經理、軟體工程師、測試工程師及其他想了解支付企業的讀者，本書都具有參考價值。

目錄

01 收銀台業務

02 收銀台系統

03 支付後端技術實戰

04 中國銀聯和中國網聯

05 帳務系統

06 安全與風控

收銀台業務

目前,支付不僅是一種金融工具,還是一種大眾生活服務,需要更便捷地觸達終端使用者,這在行動網際網路時代顯得尤為重要。

支付是怎樣觸達終端使用者的呢?第三方支付機構和商業銀行依賴的是其本身的收銀台產品。隨著行動網際網路的發展,人們可以隨時隨地使用行動端應用進行線上線下商品交易及各種商貿活動,其中就離不開收銀台。

什麼是收銀台?收銀台也叫作付款處,是使用者交易、付款的地方,也是購物流程(商貿流程)中的最後一個環節,成功完成此環節就標誌著交易成功和物權變更,否則交易失敗,物權維持原樣。例如:一個新使用者使用網銀付款的各個流程(如輸入卡號、綁定金融卡、輸入密碼、選擇免登入方式、選擇支付優惠方案、確認付款、收到支付資訊和下一次支付優惠提示)就是在收銀台子系統中完成的。

在傳統企業如零售企業中，收銀台可對標傳統商家中前台位置的收銀櫃檯實體，其參與收銀的角色一方是使用者，另一方是商戶收銀職員（或虛擬職務）。在行動網際網路時代，收銀台對標具有線上或離線結算能力的商業產品 App、電子商務網站、離線收款二維碼、錢包應用或社交應用收付碼等。

從收銀台歷史發展歷程來看，收銀台經歷過現金收銀台、POS 機收銀台、Web 收銀台和行動收銀台、線下二維碼收銀台等。目前，各種類型、各個時期的收銀台並存，例如：商店一般會標準配備現金收銀台、POS 機收銀台、掃碼槍收銀台、信用卡（金融卡）收銀台、第三方線下收銀台（美團）等，提供給使用者全方位、全通道、快速的付款體驗。

1.1 現金收銀台

現金收銀台從古至今都有，也叫作櫃檯交易（錢櫃或收銀前台）。舊時錢櫃的收銀員被稱為掌櫃（指收錢、管錢的人）；現代零售業依據公司和業務的規模來設立收銀員、會計出納職務，小零售商則自己負責收銀事宜。

我們經常去飯店吃飯或去超市買東西，對以下流程應該很熟悉：

（1）挑選好商品或服務；
（2）拿著帳單或物品到收銀台；
（3）收銀員承辦帳單收款事宜，顧客選擇現金交易方式。

之後，現金收銀台的收銀流程就正式開始了。

現金收銀台的收銀流程一般如圖 1-1 所示。

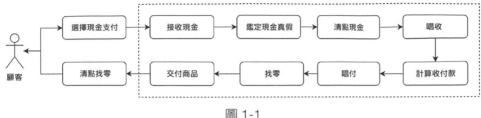

圖 1-1

現金收銀台的主要收銀流程如下所述。

（1）接收現金：收銀員接收使用者支付的現金。

（2）鑑定現金真假：收銀員透過手（觸控鈔票防偽點）、眼睛或驗鈔機辨
　　　別使用者支付現金的真假。

（3）清點現金：使用人工或機器清點現金的種類、金額和數量。

（4）唱收：收款時要說明收取的金額，公開現金的數量，避免雙方在此過
　　　程中出錯而引發糾紛。這在櫃檯交易中是一個標準動作。

（5）計算收付款：根據使用者支付現金的數量和金額，確認收付時是否需
　　　要找零。

（6）唱付、找零：如果需要找零，則需要唱付找零的數量，說明支出的金
　　　額，避免出錯並公開交易過程，其中也有更深層次的意義「離櫃概不
　　　負責」。

> **注意**：唱收和唱付的標準用語一般是「目前一共多少錢，收您多少錢，帳單
> 多少錢，找您多少錢，請點收是否正確」。

在現金收銀台的收付過程中，顧客要先取出現金，收銀員再計算帳單、驗
鈔並找零，最後核對帳單和貨單。在這個過程中，交易時間被無形拉長，
效率較低，收銀員還冒著收偽鈔、殘幣的風險，需要認真數錢和清點。

在現實場景下，收銀員在收到偽鈔、殘幣及清點不正確時通常需要為其錯誤行為埋單，這是不成文的行規，給收銀員帶來了經濟和心理壓力。許多大商場或超市為了提升收銀的效率和正確率，會有業務教育訓練來提升收銀員檢驗偽鈔、清點金額及核對帳單等的專業能力，也配備了驗鈔機、計算機來協助完成收銀事宜。

傳統現金收銀台的支付流程煩瑣而且時間較長，業務繁忙時，在收銀台前通常會有長長的等待付款的隊伍。在這種情況下，POS 機收銀台出現了。

1.2 POS 機收銀台

POS 機（Point Of Sales）收銀台是一種配備了商品條碼、OCR 碼閱讀器及收銀模組的實體終端裝置，具備現金和非現金收銀功能，主要用於對商品交易結算提供商品識別、資料服務和收銀功能，並進行帳單結算。目前傳統零售企業和超市仍然大量採用 POS 機收銀台，例如大中型超市、商場及連鎖店等。

POS 機收銀台的基本原理是先將商品資料和價格資訊建立於電腦檔案、資料庫或網路端中，收銀台的光學讀取裝置在讀取商品上的條碼後（或由鍵盤直接輸入條碼代號），透過網路拉取訂單中的商品資料資訊並顯示商品及價格資訊（單品價格、所屬類別目、折扣資料等），快速將帳單金額及找零資訊提供給收銀員，這樣可大幅加快收銀速度並加強正確率。在該交易過程中，每筆商品的銷售明細（總價、單品售價、部門、銷售時段、銷售客層）都被自動記錄下來，再由網路傳回中心伺服器，經由中心伺服器計算處理後即可產生各種銷售統計資訊，並將這些資訊作為經營分析、決策管理及結算帳務的資料基礎依據。

在收銀過程中，POS 機收銀台中的收銀模組（中國銀聯、商業銀行或第三方支付機構的 POS 機）透過讀卡機讀取金融卡或支付二維碼上的資訊，由收銀員輸入消費總金額，持卡人輸入個人識別資訊（即密碼），收銀模組會把這些資料資訊透過中國銀聯發送到金融卡發卡機構的支付系統，完成連線資金交易，列出支付成功與否的資訊並列印對應的支付存根票據。這實現了信用卡、借記卡、第三方提貨卡等的連線消費，免除了現金收銀中的唱收、驗鈔、清點、唱付等流程，減少了手動查詢黑名單、風險識別和排隊壓單等繁雜工作，有效提升了交易的效率、安全性和準確性。

如圖 1-2 所示是商場、超市常見的 POS 機收銀台。

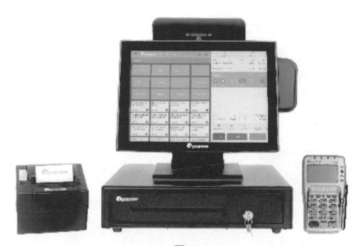

圖 1-2

在 POS 機收銀台生產廠商中有 IBM、NRC 這樣的巨頭，到 20 世紀 60 年代後期，隨著電子技術的高速發展，日本率先研製成功電子收銀台（ECR）。電子收銀台的發明具有劃時代的意義，其技術性能和商業功能遠遠超過原來的機構式現金收銀台，具有智慧化、網路化、多功能等特點，是在商業銷售上進行勞務管理、財務管理、商品管理的有效工具和方法。我們稱之為第二代收銀台。

到 20 世紀 80 年代中期，功能強勁的商業專用終端系統成為第三代 POS 機收銀台。與 ECR 相比，第三代 POS 機收銀台即時入帳，具有很強的網上即時交易處理能力。POS 機生產廠商將電腦硬體和軟體整合在一起，形成了一個智慧型的、可獨立工作的，也可在網路環境下工作的商業支付工作站。

現在，POS 機收銀台演進出以行動網路為基礎的掌上型、智慧行動、行動虛擬 POS 機收銀台，形成集磁條收款、IC 卡收款、NFC 及二維碼收款等多種收款功能於一體的智慧行動裝置，例如京東快遞員、順豐快遞員收發快遞時所用到的以行動網路為基礎的掌上型 POS 機收銀台。

如圖 1-3 所示是一台非接觸式的 POS 機收銀台。

圖 1-3

1.3 Web 收銀台

在現金收銀台和 POS 機收銀台之後，隨著 PC 時代的來臨，Web 收銀台應運而生。Web 收銀台也叫作網銀支付、PC 收銀台、網頁支付，與現金支付和 POS 機收銀台支付相比，其交易場景有了很大改變：從商店、商場、賣場到個人使用者的家裡，交易地域不再受到限制。另外，交易雙方的角色也發生了改變：之前現金收銀台和 POS 機收銀台需要收銀員協助完成支付，現在，使用者在收銀台中自主完成支付，支付變得更加便捷。

隨著電子商務的發展，Web 收銀台在 PC 時代發展得非常快速，在行動網際網路時代仍有廣泛的使用者。Web 收銀台在 PC 時代的早期代表是各家商業銀行和金融機構的網頁收銀台，中後期的代表是第三方支付機構（支付寶、微信、融合支付）的 Web 收銀台。例如：早期連線淘寶的 Web 收銀台就是中國工商銀行提供的支付閘道（Payment Gateway，支付方式為中國工商銀行網銀支付，以下簡稱工銀支付），該閘道屬於商業銀行金融網路系統和 Internet 之間的一種 Web 介面，在淘寶連線其介面之後，淘寶使用者在購物、結算時選擇工銀支付方式，會被啟動到中國工商銀行收銀台頁面，後續的帳戶驗證和付款操作都在收銀台中完成。

目前幾乎所有支付公司都有該類型的支付產品，Web 收銀台依然流行。使用者在銀行網銀支付頁面輸入帳戶和密碼等資訊之前，將被瀏覽器提示安裝安全控制項。

安全控制項是根據 IE、Chrome 瀏覽器上的擴充原始程式碼加工、開發的本機安全代理，通常用於支付機構安全收集使用者的帳號資訊，防止該帳號資訊被駭客竊取。目前許多商業銀行的 Web 收銀台僅支援 IE 瀏覽器。

在安裝安全控制項之後，使用者就可以輸入金融卡帳號和密碼了，最後點擊「確認支付」按鈕，將帳號資訊傳送到 Web 支付閘道進行驗證和支付。

第三方支付機構的 Web 收銀台，則同時支援帳號登入支付和二維碼支付兩種方式。

除了以上跳躍 Web 收銀台的方式，還有一種 Web 收銀台的 API 跳躍介面，這種介面不會提供任何使用者介面。

在電子商貿交易過程中，商戶最擔心使用者反悔和流失，付費之前的任何一個步驟都容易讓使用者跳出和反悔交易。為了盡可能避免使用者跳出或反悔交易，商戶都希望能快速付款和促成交易，所以縮短支付流程、最佳化支付體驗變得非常重要。基於此需求,商業銀行、第三方支付公司也提供了 Web 收銀台 API,在使用者需要支付時,商戶網站直接告訴第三方支付公司使用者需要使用哪家銀行進行付款,第三方支付公司在受理訂單資訊之後,迅速透過支付後端 API 將訂單資料傳送到商業銀行的 Web 收銀台 API,完成使用者的付款動作,進一步減少支付過程中的使用者流失。

以上這種 Web 收銀台 API 僅保留了基本的使用者訂單資訊與付款金額參數的傳遞和驗證,這樣,在整個過程中第三方支付公司自己的收銀台介面不再出現,支付模組與商家模組的介面風格與流程保持一致,使用者的支付體驗較跳躍 Web 收銀台頁面更好一些。

目前市面上能提供 Web 收銀台的公司和金融機構相對較少,僅限於各大商業銀行和較大的第三方支付機構,因為擁有 Web 收銀台的企事業單位一般具有以下特徵:

- 規模大,一般不對個人及中小規模私有企業開放,只有幾家商業銀行及有支付牌照的幾家大型的第三方支付機構有。
- 技術要求高、相容性差,具備一定的技術研發、安全營運和多機房運行維護實力。

隨著行動網際網路時代的到來和融合收銀台的發展,Web 收銀台的生存空間、應用場景和覆蓋場景也受到了相當大衝擊。

1.4 融合收銀台

隨著行動網際網路時代的到來,使用者透過智慧型手機、平板電腦、可穿戴裝置、掌上型電腦等行動裝置的應用程式就可以選擇不同的支付方式來購買特定的服務或商品,在交易完成之後資金即時到帳。這種直接針對使用者的支付總入口就是融合收銀台，它讓使用者購買或享受服務更便捷，一般適用於 Android、iOS、Windows Phone 系統的無線裝置（包含手機與平板電腦）。如果沒有融合支付，則商戶將面臨支付收單入口多、資質審核繁多、帳單分散、收款困難等難題。

使用者可以選擇喜歡和適合自己的支付方式，支付系統會根據巨量資料為使用者推薦最佳、最常用的支付通道。行動收銀台通常會融合多種支付方式，例如：支付寶、微信支付、財付通、簡訊代收費（上行、下行模式）、金融卡、信用卡、WAP 支付、二維碼、折價券、虛擬貨幣、充值卡等，與之前的收銀台相比，支付方式更加豐富和全面。

融合收銀台中的支付方式按照接觸方式可以分為遠端支付和近端支付。

遠端支付指不需要將任意媒體接近收銀感應器就可以完成的支付流程。例如：在網路上刷金融卡、電子優惠券、支付寶、微信 Web 收銀台等進行的支付就被稱為遠端支付。在遠端支付中一般需要事先輸入卡號、使用者帳戶及密碼等驗證資訊，然後在支付過程中扣款。對許多使用者來說，這是十分麻煩和容易出錯的。

近端支付指需要使用卡片接近資料讀取裝置來完成的支付流程，適用於近距離無線通訊和射頻識別。例如：NFC 手機支付就是近端支付。

與遠端支付相比，近端支付目前多用於地鐵、公共汽車、商店，其中大部分支付屬於小額支付。

下面介紹融合收銀台中常見的支付方式。

1.4.1 簡訊代收費

簡訊代收費，是簡訊時代的一種主流收費方式，具有離線、易操作及快速等特點，目前也是單機遊戲或離線應用仍然廣泛採用的一種支付方式。其運作方式是透過使用者的手機向電信業者發送扣款簡訊,其費用由電信業者從手機話費中扣除,電信業者再與服務提供者(Service Provider,SP)之間進行帳務的清結算和利潤分配。

服務提供者通常指在行動簡訊網內營運其他加值業務的公司或企業,他們建立與電信業者的行動網路相連的服務平台,為擁有行動手機的使用者提供一系列加值資訊服務,例如遊戲、WAP、手機鈴聲下載、定位、呼叫器等。

在這個過程中,服務提供者(通常是有一定資質和規模的企事業單位或公司)必須申請到電信業者的簡訊費率程式。服務提供者將自己申請到的簡訊費率程式和加值服務包裝成 SDK 或 WAP 頁面,分享費率程式給其他不具有電信業者簡訊平台資質(或下游)的內容提供者、公司和個人開發人員,然後對這部分收入進行二次分成。

簡訊代收費可分為以下兩種方式。

(1)簡訊上行(Mobile Originated,MO):指使用者用自己的手機發送簡訊給通訊服務提供者(電信業者),這時電信業者採用的是雙向閘道,同時支援簡訊的上行與下行,如圖 1-4 所示。

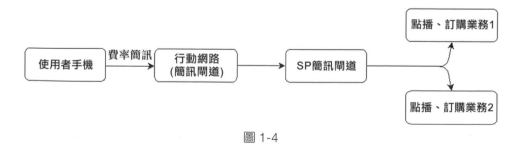

圖 1-4

(2)簡訊下行(Mobile Terminated,MT):指使用者收到商戶簡訊平台發送的簡訊。簡訊也可能是商戶服務經由第三方簡訊平台或電信業者透過單向簡訊閘道或雙向簡訊閘道發送的。下行的簡訊通常是免費的,如圖 1-5 所示。商業銀行下發的簡訊支付驗證碼就是一種常見的簡訊下行支付實例。

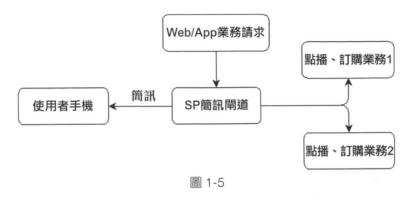

圖 1-5

> **注意**:目前下行的簡訊驗證碼可以有效驗證使用者的身份,確定是否為本人、本裝置,是一種低成本、有效且通用的使用者身份驗證方式。

簡訊代收費的使用者和帳戶驗證機制並不完善,扣款方式隱蔽、迅速,導致使用者的帳戶容易被惡意收費、暗扣,利益極易受到損害。最後,大量使用者將商戶或第三方簡訊營運平台客訴至各大電信業者,導致大量的平台或商戶簡訊閘道被電信業者懲治。所以,當年流行的簡訊代支付平台斷崖式消失,目前僅剩幾家大企業有這樣的支付方式。但是,簡訊代收費由於具有離線和方便的特性,在一些國家仍然流行。

1.4.2 充值卡

充值卡是在 PC 時代興起的一種無線支付方式,也叫作使用者儲值卡。使用者透過撥打充值卡發行中心的服務電話或存取充值服務的 Web 頁面,在電話或網頁中輸入充值卡資訊(通常是充值卡號碼、密碼),對自己的虛擬帳戶進行充值操作。

充值卡一般主要由卡號、密碼和有效日期等資訊組成,最初的物理形態是超市出售的各種紙質或 PVC 卡片,之後為了節省成本和保護環境,演變為由無媒體(虛擬帳號)的資料組成。

充值卡的特點如下。

(1)便捷:在有效期內使用時輸入卡號和密碼即可,通常線下網點較多,不需要進行身份驗證和實名登記。

(2)安全:通常一次性使用,並且不記名使用。

(3)小額:面額一般較小(10 ～ 1000 元),通常用於手機充值及購買數位、虛擬類商品,或用於購買大型超市的商品。

充值卡製造商一般是電信業者、第三方支付機構、城市的公共交通中心和遊戲公司,他們使用紙質、PVC 材料作為充值卡媒體,在使用者充值成功之後,原充值帳號和密碼失效,使用者可以使用充值帳戶內的金額購買所需的商品、內容或服務。

> **注意**:為了節省資源、保護環境,虛擬充值卡只有網路上對應的充值帳號、密碼、使用有效期等資訊,不需要使用紙質或 PVC 材料。

充值卡通常分為以下幾種。

(1)手機充值卡:又叫作話費充值卡,是通訊電信業者為了方便人們為手機充值話費而發行的卡片。人們可以透過撥打服務中心電話或發送充值簡訊到簡訊服務中心進行充值操作,在充值完畢之後話費帳戶的金額會相應地增加。

(2)遊戲充值卡:又叫作遊戲點卡或充值點卡,是為了方便遊戲玩家在遊戲內購買虛擬商品而發行的紙質充值卡或虛擬充值卡。遊戲充值卡內的金額一般不會很多,從 10 ～ 100 元不等。在某些特殊的節日裡還會有打折優惠（例如充 100 送 50）。在正常情況下實際購買金額與卡內金額相等，卡片用完即作廢。大型的遊戲公司如騰訊、網易、盛大、金山等都發行自己的遊戲充值卡，一張遊戲充值卡通常在同企業的多款遊戲中通用。

（3）通用充值卡：又叫作便民一卡通，用於便利超市消費、搭乘公共交通時刷卡付款。這種卡通常非一次性卡片，可以永久循環充值使用，充值金額由使用者自行決定。在一般情況下，通用充值卡可以當作零錢包使用，即買即用，具有很強的便攜性。

（4）預付費充值卡：又叫作會員卡。在激烈的市場行銷競爭中，商家會努力招攬和留住舊使用者，以充值卡優惠費用與高支出的商品價格相抵來吸引使用者，其中不乏大型商場和購物中心，也有小規模的理髮店、美容院和咖啡店等。這種卡一般不記名、不掛失，沒有密碼且具有一定的使用期限，即充即用。

使用充值卡充值的主要流程如圖 1-6 所示。

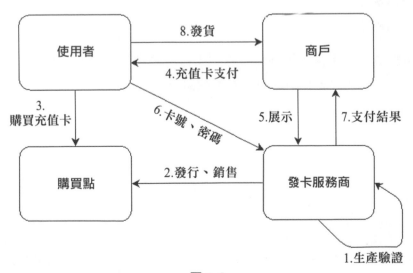

圖 1-6

1.4.3 金融卡

金融卡按金額服務可以分為借記卡、信用卡和儲值卡。

（1）借記卡（Debit Card）：指的是一種沒有透支功能的金融卡，需要先存款後取現或消費。它是一種常見的金融卡，具有現金存取、櫃檯或線上轉帳、結算、刷卡購物等功能，可以透過銀行櫃檯、ATM 轉帳和提款，帳戶內的資金按活期存款計息，不具備透支功能。

（2）信用卡：信用卡具有先消費後還款的特性。一般的信用卡在借記卡的基礎上，具有一定的消費信用額度透支功能。我們一般不鼓勵使用信用卡進行取現或現金儲存，因為有些信用卡的取現不免息，並且從取現當天起至清償日，需要按一定的日利率計息，還需要按月計收複利，並收取取現手續費。

（3）儲蓄卡：是商業銀行發行的一種金融交易卡，屬於借記卡的一種。它的功能基本與借記卡相同，最大的不同在定期儲蓄和計息方式方面。儲蓄卡有約定存期、每月固定存款、零存整取、到期一次性支取本息等儲蓄方式。

以上類型的金融卡都支援線上、線下支付。金融卡收費通常指取現以外的銀行收單業務，主要分為線下支付和網銀支付。

（1）線下支付：指不通過網路銀行支付，直接支付。例如：線下的 POS 機收銀台、電話銀行支付、ETC[1] 支付及近端支付等。

1　ETC：電子收費系統（Electronic Toll Collection），通常用於高速公路或橋樑通行的自動收費。

（2）網銀支付：又叫作網路銀行支付，是一種即時到帳的交易方式，也是
　　電子商務企業提供線上交易服務不可或缺的功能之一。商業銀行也有
　　自己的網銀支付閘道。

這裡主要說明網銀支付。網銀支付的前提是持卡人事先開通金融卡網銀支
付功能，在支付時在網銀 Web 頁面輸入金融卡資訊，驗證支付密碼、電子
密碼器資訊或使用者預留在銀行的手機號碼收到的下行簡訊驗證碼等。

網銀支付發展到今天，已具備高穩定、好用、安全、可靠等特點。

根據年度支付系統的執行整體情況報告，在金融卡支付方式中使用者使用
頻率最多的是信用卡。信用卡是一種可透支並提供資金流的金融卡產品，
使用者在需要錢時可以直接使用信用卡，之後在信用卡的還款期內再進行
還款操作。這在一定期間內是不需要重新收費的，金融卡及其帳戶僅供使
用者個人使用。信用卡銀行根據使用者的信用給予其一定數額的資金，如
果沒有現金存款，使用者也可以先消費再償還。

信用卡的主要作用是消費或兌現，但還款必須準時，否則在銀行徵信中心會
有逾期或借貸不良等信用記錄。信用卡的申請流程如圖 1-7 所示。

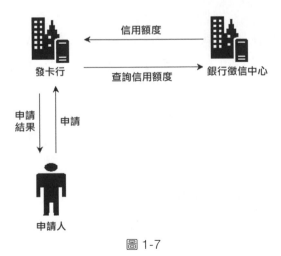

圖 1-7

信用（銀行）卡的消費流程如圖 1-8 所示。

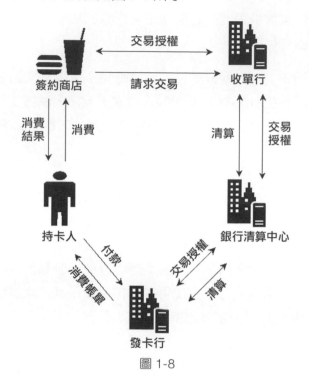

圖 1-8

在支付寶、微信支付等快速支付工具的衝擊下，為了更便捷地促成交易，大部分商業銀行推出了小額支付業務，它是一種全新的支付模式，即使不開通網路銀行和申請信用卡，也可以完成網上和線下支付，該業務可透過多個通道（銀行櫃檯、網路銀行等）開通。同時，使用者可以根據本身的支付喜好使用註冊的手機號碼接收下行驗證碼（在進行小額支付時，將動態密碼以簡訊形式發送到手機上）或電子密碼器的動態密碼作為身份驗證方式。

為了確保帳戶資金安全，使用者還可以在銀行 App 或網上帳戶中設定在小額支付配額範圍內自主設定個性化的單筆、日累計和支付總配額等限制條件。

（1）單筆配額指一次交易不能超過的金額。

（2）日累計配額指一天內累計交易不能超過的金額。

（3）支付總配額指使用者開通的金融卡網上支付帳戶在一定週期內（月）
的總支付配額。

1.4.4　WAP 支付

WAP 支付也叫手機網頁支付，是繼金融卡支付和 Web 網頁支付後早期行
動支付的一種雛形，採用的技術類似 Web 網頁支付，區別在於 WAP 支付
的體驗更接近手機體驗，而 Web 支付的使用者體驗更接近 PC 瀏覽器體
驗。

WAP 支付允許使用者使用其行動終端（一般指手機）存取行動資料網路，
載入 WAP 收銀台頁面，然後對所消費的商品或服務進行支付。目前隨著
各種行動支付工具的興起，WAP 支付並沒有衰落，仍然是對使用者沒有安
裝行動支付錢包 App 的支付方式的補充，可以不依賴任何 App，只要有行
動網路和手機瀏覽器即可完成支付流程。

WAP 支付通常會驗證使用者註冊的手機號碼、帳戶、密碼及電子動態密
碼，在閘道驗證完畢之後將展示支付方式選擇頁面。使用者選擇和支付確
認之後將展示支付結果資訊頁面。

1.4.5　支付寶

支付寶是一套支付解決方案，終端使用者經常使用的是支付寶收銀台、二
維碼收銀台和支付寶錢包。

支付寶錢包是支付寶與錢包融為一體的行動支付解決方案，除了具備通用
的錢包功能，還內建了理財產品餘額寶、金融產品花唄及借唄，還有信用

卡還款、轉帳、充話費、生活繳費、電子證件、芝麻信用評級等綜合服務。

支付寶收銀台屬於專用支付，不包含其他支付類型，連線方式包含電腦網站收銀台（PC）、行動頁面收銀台（WAP）、行動應用收銀台（SDK）及當面付收銀台（線下二維碼），下面會重點介紹這幾種連線方式。

電腦網站收銀台（Web 收銀台）主要針對 PC 使用者和 To B 企業使用者，使用者（這裡主要指 Web 網站使用者）在商品提供商的 PC 網站或大型購物網站（淘寶、天貓等電子商務網站）消費之後，消費介面會自動跳躍到支付寶 PC 網站（Web 網頁頁面）收銀台，完成使用者的驗證和付款，交易資金被直接轉入商家的支付寶帳戶並即時到帳，流程如圖 1-9 所示。

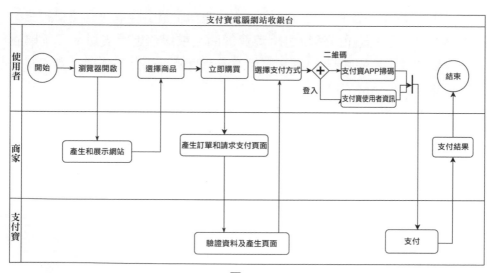

圖 1-9

其基本流程如下。

（1）買家在商家自建的網站選擇要購買的商品，點擊「立即購買」按鈕。

（2）商家將收集到的商品資訊產生訂單資訊，提交給支付寶的服務端。

（3）支付寶的服務端在收到支付請求之後，對訂單資料及商家資訊、金鑰等進行驗證，如果驗證不通過，就直接回呼支付失敗，商家網站展示支付失敗頁面。

（4）如果驗證通過，瀏覽器就會跳躍到支付寶頁面，支付寶頁面將出現兩種支付方式（螢幕二維碼收款、登入帳戶付款）。

（5）如果選擇二維碼收款，則使用者可以使用支付寶錢包 App 的「掃一掃」功能進行付款。

（6）如果選擇登入帳戶付款，則使用者輸入自己的支付寶帳號和密碼，然後付款。

（7）在支付寶驗證資料且付款成功之後，支付寶的服務端會將支付結果等資料回傳給商家的服務端。

（8）商家完成支付結果核對，然後進行支付結果的頁面展示，這個流程結束。

對連線 Web 收銀台的商戶來說，使用者交易款項可即時到帳。

> **注意**：使用者在淘寶購物不滿意的情況下可以向賣家協商對交易申請退款，賣家還可以享受支付寶退款、清結算、對帳、查詢等一系列收銀台配套服務。

支付寶為了加強本身的支付覆蓋率，也提供了行動頁面收銀台（WAP 支付）。在行動網際網路的發展初期，大部分電子商務使用者（淘寶、當當）是在手機瀏覽器裡完成交易的，這時的支付場景是使用手機 WAP 網頁進行瀏覽和交易，這在當時非常流行，因為不用受限於支付寶錢包 App 的安裝情況，所以可以直接在 WAP 頁面上完成付款。行動頁面收銀台的基本流程與電腦網站收銀台類似，只是展示形式更能滿足手機使用者的體驗需求。

行動收銀台在這裡通常指商家本身的 App 整合了支付寶的行動 SDK，是在行動網際網路 WAP 上的體驗升級版本，具有更好的相容性（可以同時支援 H5 和 Native 方式），也有更好的使用者體驗。

其基本流程與 App 方式一致，不同之處在於展示方式和非同步通知訂單結果資訊。支付寶行動 SDK 的支付流程時序圖，如圖 1-10 所示。

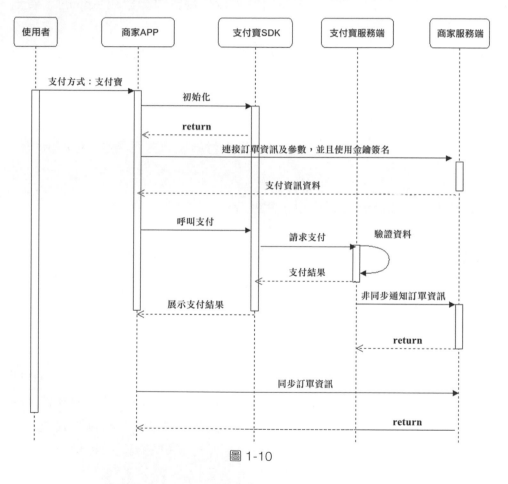

圖 1-10

當面付收銀台指使用者和商家面對面地對非現金業務進行支付，包含轉帳、紅包及二維碼支付。這裡講的當面付指支付寶推出的一種收款碼支付方式，可以幫助商家迅速使用支付寶支付服務，沒有任何技術門檻，適用於全企業，所有企業、商戶、使用者之間都可使用，大幅提升了商家收款效率。

在支付錢包 App 裡面也有當面付相關的收款功能，還支援離線支付，不過一般都會有對應的配額。

臉部辨識支付是除支付寶提供的上述支付方式外的另一種創新的支付方式，以活體人臉檢測技術，利用人為基礎的相貌特徵完成身份認證。在支付驗證的過程中透過「臉部辨識」取得臉部資料，然後比較線上臉部特徵資料來驗證身份，這種方式取代了傳統的使用者透過鍵盤或螢幕輸入帳戶和密碼的方式，這樣一來，人們不再需要攜帶手機、金融卡或錢包，相當大最佳化了支付流程並加強交易效率，提升使用者的日常購物消費體驗。

2018 年 12 月，支付寶推出臉部辨識 (刷臉) 支付硬體裝置「蜻蜓」，如圖 1-11 所示。

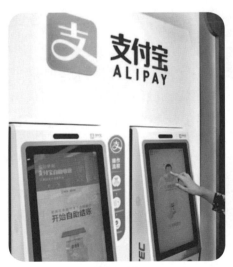

圖 1-11

1.4.6 微信支付

微信支付是騰訊的支付業務品牌,與支付寶支付的方式大致相同。與支付寶支付不同的是,微信支付是以行動社交軟體發展而來的支付功能,是以人與人之間為基礎的社交關係鏈發展起來的支付產品,目前支援二維碼、WAP、PC 頁面、紅包、當面付、遊戲支付 SDK 及微信小程式等方式,覆蓋線上公眾號、線下消費、購物、出行、娛樂、虛擬充值等多個支付場景。

微信支付的底層技術解決方案是財付通,財付通也給 QQ 錢包提供了安全的底層技術支援。微信支付和 QQ 錢包只是財付通支付系統的一種收銀台的表現,財付通才是一個完整的支付系統。

與支付寶的支付應用場景相比,微信支付乃至財付通的支付場景還比較單薄,主要原因是支付寶已經圍繞著人們的日常生活建置了十分豐富的生活支付場景,從日常開銷如水、電、瓦斯、手機充值等,再到高速公路通行費、火車票、商旅文化等,以及餘額寶、借唄、花唄等金融產品,支付寶的支付應用場景可謂無處不在。

不過近年來,微信支付也一直在補齊自己的支付應用場景。例如:金融理財產品騰訊理財通、微粒貸、微信連線廣東政務系統參與政務和日常生活的代收、繳費業務,同時支援高速 ETC 及過路費繳費。

騰訊微眾銀行也與阿里網商銀行一樣,是最早的一批網際網路銀行,提供線上投資、理財、貸款等網際網路金融服務。

由於微信支付相關的支付業務流程與支付寶相似,所以本書在此就不一一說明了。

1.4.7 折價券

折價券，顧名思義是用來代替現金的，一般是商家為某種商業活動提供的一種優惠活動，在支付過程中能抵扣對應比例的現金。透過發放和使用折價券，能增加使用者回購商品的次數，以及推動使用者量的增長。

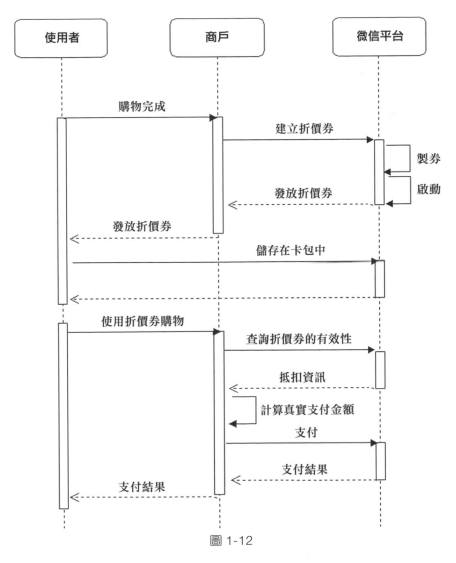

圖 1-12

一般來講，折價券指商家印製的紙質印刷卡片，在行動網際網路時代對應的是會員／帳號系統內的電子折價券。目前在 BAT 網際網路大廠的商業產品中就有很多這種折價券和立減業務，例如：微信支付折價券業務是以微信支付平台為基礎的。為了協助商戶方便地實現折價券的行銷優惠措施，針對部分有開發能力的商戶，微信支付透過對接微信開放平台服務端 API 來實現營運折價券的功能。

微信平台的折價券業務相關流程如圖 1-12 所示。

在使用者從商戶應用中完成購物後，商家會對使用者發放折價券（分為全場券和單品券，全場券可以對商戶所有的商品減價，單品券只能對指定的商品減價）。折價券是由微信平台製作的，其中包含券名、使用範圍、抵扣金額、有效期、使用門檻（例如：訂單總金額需要超過多少）及付款方式。在折價券完成之後，使用者透過購物、掃碼、發送及其他方式獲得此券，將其儲存在使用者的卡包或商戶的帳戶系統中。

使用者在下一次購物時可以選擇使用折價券進行抵扣，這時，微信支付負責折價券的驗證，由商戶系統計算真實金額之後再啟動支付操作，完成之後顯示支付結果。

收銀台系統

收銀台是整個支付生態系統中最接近終端使用者的一端,本章說明收銀台在技術實施過程中的基礎架構、最佳技術選型和技術實現。

需要提醒大家的是,為了細化收銀台技術的實現流程,便於讀者了解內容和實戰,在木章中會有較多的程式片段、流程圖及專業詞彙說明。

2.1 收銀台 SDK

收銀台 SDK(Software Development Kit,軟體開發套件)也叫作支付 SDK,指由商業銀行、第三方支付機構及支付整合商等提供的具有收銀台功能集合的軟體工具套件。對於開發者來講,收銀台 SDK 解決了以下問題。

(1)解決了連線通道資質的問題。如果想連線金融卡支付方式,則由於商業銀行眾多,在連線時需要與一家家的商業銀行或金融機構談判。沒有一定業務體量的個體商戶一般還需要一定的入門基礎資料，例如：工商經營執照、具有 ICP 備案的官方網站和服務端、關於一定經營情況的流水資料等。如果是連線中國銀聯的話，則在此基礎上需要公司有 15 人以上的技術和客服團隊，並要求有 2 年以上的支付企業服務經驗及業務安全控制能力。所以，單獨連線這些通道的第一關卡都很難通過，但對於這些資質問題，第三方支付機構或融合支付整合商都幫商戶解決了。

（2）解決了通道費用的問題。如果單獨連線中國銀聯或銀行通道，則沒有一定業務體量的企業或商戶拿到的通道使用費、服務費和手續費率將沒有折扣。當然，這也是可以了解的，畢竟中國銀聯和銀行建設、維護通道是需要一定成本的，小規模的商戶或企業與大型企業的連線流程和手續是一樣的。通常通道方會給大型企業或大使用者量的整合商較低的連線費率，這樣其連線第三方支付機構或融合支付會在成本上面佔較大的優勢。

（3）解決了通道連線和運行維護的問題。針對一家家的商業銀行或金融機構通道進行連線，需要商戶或企業具備一定的技術研發和運行維護能力，並且每一家通道的技術介面是不一樣的，要將它們融合在一起並流暢地提供服務，具有相當的技術難度，這就需要有一定技術架構設計經驗的架構師來建置通道管理系統和支付交易引擎。並且上線之後，通道的開閉（通道方維護時間）、穩定性監控及路由都需要專門的營運、運行維護人員負責。而整合第三方支付機構或融合支付整合商的支付 SDK 之後不需要解決以上問題，只需連線支付方式、測試及對帳結算，大幅縮短了商業產品的上線週期。

收銀台 SDK 按業務類型可以分成兩種：專用收銀台 SDK 和融合支付 SDK，下面會一一說明。

2.1.1 專用收銀台 SDK

專用支付一般指大型第三方支付機構（支付寶、財付通等）和商業銀行（工、農、中、建）推出的專用品牌金融和支付服務，一般具有獨立的支付生態產品和資源管理能力。例如：在支付寶的金融服務產品裡面就不會包含微信支付或其他第三方支付產品。

專用收銀台一般是由具有一定實力的支付和金融機構提供的，具有一定的支付生態和技術能力，能獨立運作本身的支付通道，包含支付流程中的資金流、資訊流管理和營運。

專用收銀台 SDK 是第三方支付機構支付系統的前端表現形態，不會包含其他金融機構的支付方式，例如：支付寶 SDK 就屬於專用收銀台 SDK，僅提供支付寶支付相關的服務產品，不包含微信支付、金融卡帳號支付和簡訊支付等其他支付方式。

2.1.2 融合收銀台 SDK

融合支付，在企業內也叫作第四方支付、聚合支付，指從事支付業務的第三方支付機構、系統整合商、民營銀行、信託銀行、其他非銀機構或清算組織利用本身的技術與服務整合能力，將支付收單、支付行銷相關的支付服務整合到一起，為商戶和個人提供與第三方支付同等能力的相關支付服務。

融合支付主要用於解決商戶和個人開發者申請支付通道資質和手續的問題，減少商戶因各種支付通道連線、維護支付、結算服務時的成本支出，加強支付結算系統的執行效率。當然，也會在利潤分成中收取一定的加值服務費用。大型融合支付服務提供者有翼支付、易寶支付、多層次優勢等。

融合支付的服務專案較專用支付的服務專案會多很多，包含且不限於帳戶管理服務、虛擬貨幣服務、跨境收款服務、支付通道管理服務、資金到帳與管理服務、匯兌服務、充值服務、連線指引服務、資料安全管理服務、資料分析服務、人物誌服務、帳務（差錯）處理服務、使用者服務和其他加值服務等。

融合支付的支付通道包含支付寶、微信、QQ、金融卡、充值卡、各家電信業者的簡訊支付、折價券及遊戲廠商虛擬幣等；融合支付的國外支付通道包含 PayPal、Google 錢包、Paytm、711 等。近年來支付寶、微信也積極啟動了國際化處理程序，為全球提供支付業務和金融服務。

融合收銀台 SDK 是融合支付的一種前端表現形式，是提供收銀台功能的軟體開發套件，與專用收銀台 SDK 的主要區別在於它提供了對多種專用支付方式的選擇和支付通道路由。

融合收銀台 SDK 的核心價值就是提供資質、連線便利和使用便利。

連線便利指融合支付更加接近遊戲、開發者和應用，使整合商快速連線支付功能，快速實現產品商業化。

- 接近遊戲指提供基於某種遊戲引擎（Unity 3D、Cocos2d-x）的支付 SDK。
- 接近開發者指有各種各樣的程式語言支援。例如：支援 Android 系統的 Java、Kotlin；支援 Unity 3D 遊戲引擎的 C#、JavaScript；支援 Cocos2d-x 遊戲引擎的 C++、C 等，為行動應用、遊戲開發者整合支付功能提供了連線便利。
- 接近應用指提供以作業系統平台為基礎的原生支援。例如：Android 系統的 AAR 套件、iOS 系統的 Framework 套件等。

使用便利指更加接近使用者。融合支付 SDK 提供了多種支付方式，讓使用者使用任何支付方式都能成功支付。

所以，與專用收銀台相比，融合收銀台更為常見和便捷，因為它覆蓋了市面上的大部分支付方式，不會限制使用者使用某種特定的支付方式，提供給使用者了更多的支付選擇，也大幅提升了使用者支付的成功率和效率。

2.2 收銀台的對外連線形式

融合收銀台的對外連線形式也有多種，市面上最多的是 SDK 連線、服務端 API 連線、Web/WAP 頁面連線。

■ SDK 連線主要用於主流行動手機的 Android 和 iOS 兩大作業系統，將支付的功能和服務包裝成軟體開發套件，方便其他應用和遊戲整合。

■ 服務端 API 連線主要用於 PC 收銀台和 WAP 收銀台，主要特點是以服務端，收銀台介面可以根據商戶為基礎的應用靈活訂製、轉換等。

■ Web/WAP 頁面連線指提供帶第三方支付服務介面的 HTML 介面，可以透過技術方法嵌入商戶的網頁頁面和手機網站，例如支付寶的 H5 支付頁面、各家商業銀行的 Web 頁面和中國銀聯的 Web 頁面。

以行動開發為例，許多行動應用程式開發者或遊戲開發者在商業化產品研發過程中，都會直接或間接地連線第三方的各種 SDK、API，其功能涵蓋訊息發送、分享、記錄檔、資料獲取、廣告、帳號、支付等。

2.3 SDK 架構概述

在說明 SDK 的實作方式之前,這裡先說明融合收銀台 SDK 架構的設計特點和架構方塊圖,便於讀者了解在 SDK 內部有哪些功能模組,以及上下結構如何分層。

2.3.1 SDK 架構的設計特點

在收銀台 SDK 架構的設計上,除了要考慮軟體架構設計的通用性(高可用性和高穩定性),還要考慮網際網路金融業務的特殊性,例如高相容性、高安全性、高擴充性等。

1. 高相容性

以 Android 行動應用研發為例,Android 系統版本許多(業內也叫作碎片化嚴重),還有很多是各手機硬體廠商自己訂製和修改的系統韌體版本(例如華為的 EMUI 和小米的 MIUI 韌體),並且市場上這些版本的存量執行幅度很廣,這樣一來,Android 系統版本的碎片化情況越來越嚴重。所以,我們在做收銀台 SDK 架構設計時應該充分考慮行動終端系統執行的實際環境和相容性。

在相容性方面應該充分考慮硬體裝置的相容性和軟體的相容性。

(1)硬體裝置的相容性。因為不同的手機硬體裝置生產廠商會生產不同尺寸和不同電子裝置元件的手機,所以在設計 SDK 時要相容不同類型的裝置(例如:平板裝置為橫向螢幕,一般用 HD 版本來命名)。Google Play(Google 市集)對 Android 應用上架的要求很高,對硬體裝置相容性檢測的要求也很高,必須透過 Google 的相容性測試(Compatibility Test Suite,CTS)才可以上架。所以在設計 SDK 時應充分考慮硬體裝置的相容性，例如不同感測器及硬體加速功能的相容性等，以滿足在不同裝置上使用的需求和使用者體驗。

（2）軟體的相容性。在 Android 版本碎片化的情況下，軟體開發人員應考慮對不同 API 的呼叫是否可成功，確保應用在不同的系統版本上均能正常執行。例如：為了使 SDK 在所有系統版本上都顯示並正常使用，SDK 應該容忍一些系統功能 API 的變化，並提供適應不同螢幕尺寸的靈活使用者介面。

2. 高安全性

由於收銀台 SDK 處於支付的最前端，負責資金流和資訊流的輸入／輸出和商戶的發貨流程，所以為了確保資金流和資訊流的安全和商戶的利益，需要確保收銀台 SDK 的高度安全。與支付系統的其他子系統相比，收銀台 SDK 的安全性變得非常重要。

在收銀台 SDK 中封裝了一些複雜的邏輯實現及網路請求，負責與支付後端 API 進行網路資料通訊，例如支付（預）下單請求及支付結果回應。由於網路請求的通用性和廣泛性（一個 SDK 會被多款應用或網路連線，影響面會擴大），一旦出現了安全性漏洞、資料封包篡改、偽造並被駭客利用，則影響範圍之廣、危害之大是不言而喻的。

在安全性設計方面應該注重考慮驗證、授權兩個方面，並且需要對資料安全加密。例如：不能使用明文傳輸業務資料，不能使用 HTTP 傳輸第三方資料，要使用安全、權威的數位憑證及動態化密碼。

案例：在使用 HTTP 從支付後端伺服器請求和接收回應資料時，攻擊者可以透過中間人攻擊、綁架 HTTP 資料封包，偽造支付後端伺服器下發正常的支付資料，啟動商戶應用正常發貨，造成商戶的資金損失；攻擊者也可以透過 DNS 綁架來利用漏洞，在 DNS 綁架、攻擊的過程中，攻擊者可以修改伺服

器的 DNS 記錄，把存取者重新導向到攻擊者自己的支付伺服器，形成虛假的
支付資料。

根據上述實例，在設計架構的過程中應該考慮引用非對稱加解密方案來
保障資料的安全性，同時引用 HTTPS 元件對抗中間人的攻擊，並引用
HTTPDNS 元件解決 DNS 的綁架問題。

3. 高擴充性

高擴充性也是收銀台 SDK 的重要特點，因為支付方式和通道會經常變
動，例如增加新通道、上線、下線、關閉支付通道，所以需要在設計收銀
台 SDK 之初就充分了解支付流程和業務，在充分了解後才能對支付通道
的模型和介面能力進行抽象，預留對應功能的擴充點；並在技術設計上
參考 OSGI（Open Service Gateway Initiative，開放服務閘道協定）和 OO
（Object Oriented，物件導向）設計擴充點模式。

在設計收銀台 SDK 時要用物件導向的思維來看待世界，將公用的系統需
求（安全加密、資料儲存、記錄檔記錄、許可權驗證等）進行抽象和封
裝，形成統一的、便於擴充的介面，以便在每個外部的業務物件中進行呼
叫。使用物件導向思維建置出來的軟體既能使整體架構穩固，也能對公共
功能進行封裝，提供各模組的介面呼叫，這有如轉換層被封裝起來，將介
面進行曝露，以應對各種業務和多變的介面需求。

做好高擴充性設計之後，在有新需求或需求變動時，收銀台 SDK 軟體開
發人員都能夠以之前為基礎的版本進行快速開發、反覆運算和回應。

2.3.2 使用者端 SDK 架構

這裡根據市面上部分支付公司的收銀台使用者端產品，歸納出通用的使用
者端 SDK 架構，如圖 2-1 所示。

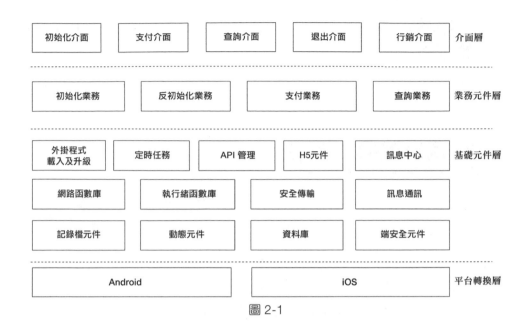

圖 2-1

市面上的收銀台 SDK 幾乎都採用了動態載入技術，其好處是具備了靈活性和動態性，在不需要某項功能時，可以不載入相關功能外掛程式，進而減少整個應用的記憶體和 CPU、網路等資源消耗，還可以透過動態載入實現功能模組的熱抽換和功能升級，即在不發佈新使用者端版本（使用者端發佈版本的週期一般較長）的情況下更新某些功能模組。

如圖 2-1 所示的使用者端 SDK 架構主要分 4 層，如下所述。

■ 第 1 層是介面層，包含商戶應用或遊戲開發者連線支付 SDK 的介面和回呼函數（支付訂單資料）。
■ 第 2 層是業務元件層，為了實現業務的動態更新功能，所有業務都被定義為一個外掛程式，包含收銀台的核心業務支付外掛程式和充值外掛程式，其物理表現形式為 Dex[1] 檔案，同時包含其他業務外掛程式。

---

1 Dex 檔案：是可以直接在 Android Dalvik 虛擬機器中載入、執行的檔案。

- 第 3 層是基礎元件層，主要支撐上層業務的記錄檔、執行緒、下載、定時任務、WebView[2]、外掛程式服務等基礎中介軟體和設施。
- 第 4 層是平台轉換層，目前主流的行動作業系統為 Android 和 iOS。

2.4 技術選型

在設計完使用者端的收銀台 SDK 架構之後，在建置支付系統之前，不可忽視的是技術選型，這也是所有技術在實施前的非常重要的課題。

熱愛技術的軟體架構師或軟體工程師在技術選型階段偏好使用新技術，但支付系統有本身的特性，例如高可用性、高穩定性、高擴充性及高安全性，在後端方面還有災難恢復容錯、高平行處理及高性能等技術選型要求。這些特性在某種程度上限制了技術選型的架構、方法、過程、軟體成熟度及工具等各方面，在技術選型過程中一定要秉持簡單好用、成熟、避免過度設計的原則。

對於支付產品的技術選型，要注意以下幾點。

（1）選擇成熟度較高的架構或技術。技術也是有生命週期的，一項技術從最早被提出到因技術陳舊而退出歷史舞台，會經歷許多階段。該技術最初一般由技術同好或解決某一固定域問題的團隊研發而成，初期通常不很成熟，也不穩定，甚至會有一定的限制。之後，這些技術同好或團隊將程式提交到 GitHub 倉庫或擴充、改進它，會有最早一批的程式使用者，該技術將經過早期驗證進入早期大眾階段；在真正的使

2　WebView：是 Android 提供的一個網頁瀏覽元件，其內部實現是採用繪製引擎（WebKit）來展示 View 的內容，可實現網頁前進後退、網頁放大縮小、搜尋等功能。

用期，人們會在 GitHub、StackOverflow、CSDN 等上提出很多的問題，軟體將逐步走向成熟，成熟的重要標示是經過大量使用者驗證後的商用化。隨著時間的演進，新的技術又會出現，舊的技術因為維護性、效能或解決問題域等問題漸漸退出歷史舞台。

（2）立足於現有需求來選型。一般來講，技術選型必須立足、服務於現有的業務需求，並且在不同的時期有不同的選型方案。處於初創期的公司或業務，其技術選型的特點是快速、靈活及易驗證，但支付業務必須是穩定的、高可用的。無論在什麼發展階段，其基準都是可靠、可用和成熟、穩定，所以做支付產品的初創公司也需要注意二者之間的平衡。

（3）簡單即美，純粹即美。新技術層出不窮，有些技術或架構不僅概念多，而且依賴多，還有的應用套件比較大，就像一個全家桶。引用這樣的技術架構是很容易的，但後期維護因為連結方太多，容易找不到頭緒，既有學習成本，又有維護成本，擴充性也會成為問題。這就需要一些簡單、純粹的架構或技術來支援，簡單代表軟體的複雜度不高，純粹代表依賴方不多，功能較為集中。尤其是支付這種產品，高可用會限制我們的維護成本，並要求線上恢復快速。

> 提示：一些大型、成熟的網際網路公司如阿里巴巴、騰訊、Google、eBay 等，雖然資源豐富、技術能力雄厚，但對核心技術堆疊和技術選型同樣有嚴格把控，並且久經業務和流量考驗。如果在技術選型中沒有想法，則參考大廠的做法也是一個不錯的方向，當然也要結合實際情況。所以說沒有最好的技術，只有最適合的技術。

2.5 收銀台 SDK 介面設計實戰

收銀台 SDK 不只是一個開發工具，也不只有一個程式，而是一系列程式設計介面、連線文件、連線範例、開發輔助工具的集合。

完整的 SDK 應該包含以下內容。

（1）介面檔案和函數庫檔案：是連線主體，包含核心邏輯與對外介面。

（2）說明文件：也叫作開發者連線指南，幫助開發者了解和快速連線。

（3）開發範例：應用 Demo 程式或伺服器 Demo 程式，甚至提供各種開發語言版本的 Demo，例如 Java、C#、Objective-C。

（4）輔助工具：輔助應用程式開發或測試人員正確連線。

2.5.1 介面設計原則

針對前面講到的關於 SDK 介面的設計一般會有對應的設計原則，這也是終端和服務端通用的介面設計原則。

（1）單一職責原則（Single Responsibility Principle，SRP）：由 Robert C. Martin 最先提出，核心概念是「一個類別應該只有一個改變的理由」。單一功能原則是一個介面設計原則，它指出每一個模組或類別應當擁有的單一的責任功能，而責任應被完全封裝在類別或模組中。其所有服務都應與其責任嚴格一致，相互之間沒有依賴。簡單來說，就是需要建立單一、純粹的介面，不要建立功能龐大、程式臃腫的介面。

（2）里氏替換原則（Liskov Substitution Principle，LSP）：是物件導在設計的基本原則之一，同樣適用於 SDK 的介面設計。在里氏替換原則描述中，在任何基礎類別可以出現的地方，子類別都一定可以出現。里氏替換原則是繼承和重複使用（父類別、基礎類別概念）的基礎，只有當衍生類別可以取代基礎類別且軟體單位的功能不受到影響時，基礎類別[3]才能真正被重複使用。而衍生類別[4]能夠在基礎類別的基礎上增加新的行為。同時，里氏替換原則是對「開 - 閉」原則的一種補充，實現「開 - 閉」原則的關鍵步驟和前提是抽象化，而父類別與子類別的繼承關係就是抽象化的實作方式，所以里氏替換原則是對抽象化的實際步驟規範。例如：在 Client 類別中呼叫其他類別時一定要使用其基礎類別或介面，如果不能使用，則說明這個類別或介面的設計已經違背了里氏替換原則。

簡單地說，可以按照如下所述了解里氏原則。

- 子類別必須完整、完全地實現基礎類別的方法、屬性（欄位）。當然：子類別是基礎類別的延續，可以有自己特有的屬性、方法，即使在相同的方法內也可以表現為不同的資料和業務流程實現。
- 在覆載、實現父類別的方法、介面時，其方法可以更優。例如：可以增加對應的輸入參數。
- 覆載（Override）、實現父類別的方法，傳回的結果可以縮小。

（3）介面隔離原則（Interface Segregation Principle，ISP）：指介面功能儘量內聚、小。介面功能只服務於一個子模組或業務流程，對沒有連結性的內容都需要剔除。每個介面都應代表一個功能，而非某個功能的步驟，否則會存在分散式交易污染的問題。

3　基礎類別：也叫作父類別，在物件導向設計中，被定義為包含所有實體共同屬性的 class 型態。

4　衍生類：也叫作子類別，在物件導向設計中，被定義為包含實體自有屬性和基礎類別公共屬性的 class 型態。

2.5.2 收銀台 SDK介面設計

收銀台 SDK 是第三方支付機構或融合支付廠商在商戶的支付功能開發者提供的 Android、iOS、Windows 平台專業開發輔助工具套件，商戶開發者在產品中增加收銀台 SDK 並呼叫其介面後即可直接使用收銀台的各種功能。

融合支付 SDK 則是將市面上常用的支付方式都整合到一個 SDK 中，這樣商戶和開發者無須再和各家支付公司逐一簽訂合約，就可以透過介面在應用程式中整合和呼叫功能齊全的收銀台。

依據以上介面設計原則，收銀台 SDK 一般將功能收斂到以下 4 個介面中。

1. 初始化支付介面

在商戶的商業化產品應用中，收銀台 SDK 一般需要商戶開發人員在應用啟動或支付頁面拉起的地方，進行初始化支付 SDK（包含驗證使用者端或裝置資訊），掃描目前 App 環境是否安全，並且在初始化過程中準備好支付環節的資源、參數設定和介面展示內容，通常只需要初始化一次。在 Android 環境中，一般建議在 Application 的 onCreate 方法裡面呼叫。

以 Android SDK 為例：

```
public void init(Context context,
                 Intent payInitData,
                 PaySdkListener callback);
```

其參數情況如表 2-1 所示。

表 2-1

欄位	類型	說明
Context	Context	Android 的上下文物件
data	Intent	初始化需要的參數資訊
callback	PaySdkListener	初始化情況回呼函數

對其中的參數介紹如下。

（1）Context 是 Android 系統的上下文抽象類別，透過類別的結構可以看到：Activity、Service、Application 都是 Context 的子類別。以上這些子類別的實例物件都可以作為初始化函數的導入參數，一般推薦使用 Application 實例作為參數進行傳入。

（2）data 通常是支付 SDK 初始化需要的參數資料，一般包含以下內容。

■ 應用標識：指應用的唯一標識，在第三方支付機構申請完成之後，由第三方支付機構提供應用標識參數。
■ 橫垂直類型：用於展示收銀台頁面的顯示風格。
■ 其他參數：第三方支付機構定義的通道標識、應用金鑰等相關參數。例如：遊戲的通道標識，用於後期支付分潤、資料標記及門店標識等。

> **注意**：Intent 主要用於 Android 應用各項元件之間的通訊，負責描述應用中的一次啟動動作及動作有關的相關資料；同時有另外一種功能，可以根據在 Intent 中描述的內容找到對應的物件，並將 Intent 中的其他資料傳遞給被呼叫的元件。

（3）回呼函數。在呼叫了初始化函數之後，收銀台 SDK 初始化的結果就會被非同步回呼給商戶應用，其基本原型如下：

```
public abstract class PaySdkListener {
    void onStateChanged(String state,Bundle data){};
}
```

回呼中的 State（狀態）資料一般包含以下三種狀態。

■ 初始化中：初始化進度開始，通常用於回呼給應用介面，展示正在初始化的載入介面或動畫。

- 初始化失敗：初始化失敗，一般有關設定參數失敗、伺服器驗證失敗、風控、網路及其他問題。
- 初始化成功：初始化順利完成。

> 注意：Bundle 資料包含在狀態過程中攜帶的附加資料，為 Bundle 資料結構類型，該類型的資料為 Key-Value 結構，可以類比 Java 中的 Map 結構，通常用於在 Activity、Service、BroadCast Receiver、Content Provider 這 Android 四大元件之間傳遞資料。

在初始化回呼介面中，Bundle 實例可攜帶的資料包含：初始化中狀態回呼裡攜帶的進度百分比資料（載入 Web 支付頁面的 30% 進度）；失敗回呼裡攜帶的初始化錯誤碼和錯誤訊息等。

2. 支付介面

支付介面主要用於使用者下單並支付的場景中，通常會拉起支付介面：

```
public void buy(Activity activity,
Bundle data,
PaySdkListener payCallback)
```

其參數情況如表 2-2 所示。

表 2-2

欄 位	類 型	說 明
activity	Activity	Android 的上下文物件，為 Activity 類型，用於承載、顯示支付容器的視窗和操作介面
data	Intent	支付需要的參數資訊，使用 Intent 類型可便於擴充參數
callback	PaySdkListener	關於支付結果的回呼函數

對其中的參數介紹如下。

（1）activity：Activity 類型，是 Android 系統的介面元件類別，用於承載 View 物件容器和展示一個行動介面。這個參數一般是負責拉起支付介面的 Activity 類型，例如電子商務網站的訂單詳情頁面。

（2）data：Intent 類型，通常是支付需要的參數資料，一般包含以下內容。

- 商戶訂單編號：是商戶系統產生的訂單編號，與支付系統中的交易單號一一對應。支付系統一般要求商戶系統產生訂單號時符合平行處理條件且不重複，兼顧安全性（不容易從訂單號中看出營運規則）。一般推薦使用「時間戳記＋隨機碼（5）＋流水號」的規則產生商戶的訂單號，這是一個必須上傳的參數。
- 商品編號：是商戶在第三方支付系統中登記的商品編號，在某些支付 SDK 中不需要傳入這個參數。
- 商品名稱：用於顯示支付確認介面的商品名稱，一般也被登記在第三方支付系統中，通常用於訂單資料驗證。
- 商品價格：支付的金額，一般以「分」為單位，但部分系統以「元」為單位，支援有兩位小數。
- 商品描述：支付確認介面的商品描述內容。
- 訂單逾時：訂單的絕對逾時，通常以伺服器同步的時間為基準。
- 擴充參數：為動態資料，通常為支付回流資料，這樣可以在訂單狀態傳回時將該資料傳回到本機。
- 通道標識：用於後期支付分成及資料標記，由第三方支付機構進行分配。

在呼叫了支付函數之後會展示支付介面，使用者確認支付資訊之後，這些資料將被傳送給支付伺服器處理，在處理完成後支付結果就會被非同步回呼給商戶應用。

（3）回呼函數，其基本原型與初始化回呼基本一致，僅資料的內容不一樣，程式如下：

```
public abstract class CallBackListener {
    void onStateChanged(String state,Bundle data){};
}
```

支付狀態（State）包含以下內容。

- 支付進行中：此狀態表示使用者正在支付，通常用於回呼支付進度。例如：支付進行了 30%。
- 支付失敗：支付失敗，一般有關支付過程中支付參數不正確、存取驗證失敗、風控等支付錯誤。
- 支付成功：支付順利完成。

支付介面中的 Bundle 資料包含以上支付狀態所攜帶的相關資料，這個資料與初始化介面同樣為 Key-Value 結構，但資料的內容不一樣。

（1）如果是支付進行中狀態，則在 Bundle 中包含支付進度資料，將支付進度展示給商戶應用或使用者。

（2）如果是支付成功狀態，則在 Bundle 中包含以下資料。

- 交易訂單號：支付交易引擎系統中的交易流水編號，與商戶交易訂單號一一對應。
- 支付類型：採用的支付類型。
- 交易金額：支付的金額。
- 訂單資料簽章驗證：是之前商戶申請時預置在平台上的公開金鑰，採用商戶公開金鑰將傳回的資訊資料簽名，進行發貨前的資料驗證，避免資料被篡改。
- 擴充資訊：資料回流資訊，通常是商戶採用支付介面帶上去的資料原本（商品編號、商品價格、驗證資料、描述等）。

（3）如果是支付失敗狀態，則在 Bundle 中包含以下資料。

■ 支付錯誤碼：支付系統對支付失敗過程中錯誤原因的編碼，例如支付寶系統的公共錯誤碼和 SPI 錯誤碼等。

■ 錯誤描述：錯誤碼對應的支付錯誤訊息描述，一般是 UTF-8 編碼，用於展示給商戶開發者或進行使用者提示。

3. 支付結果查詢介面

在呼叫了支付介面之後，對於未傳回的支付結果訂單，支付 SDK 一般會提供支付結果查詢介面給商戶開發者，用於查詢目前支付進度和結果：

```
public void query(Context context,
String trade_no,
PaySdkListener queryCallback)
```

其參數情況如表 2-3 所示。

表 2-3

欄位	類型	說　明
Context	Context	Android 的上下文物件，這個介面與支付介面不一樣，不需要展示相關介面，可以在支付後端進行查詢，所以不一定需要是 Activity 類型，可以是支付後端的 Service 類型和 Application 類型
trade_no	String	商戶訂單編號，支付系統的訂單編號與商戶訂單編號一一對應
callback	PaySdkListener	關於查詢介面傳回情況的回呼函數

這個介面通常用於查詢某個支付訂單的結果和狀態，這些資料會透過回呼函數的形式非同步傳回給應用。回呼函數與支付介面的形式一致，詳見支付回呼函數的描述。

查詢訂單的結果狀態會有所變化。

- 未付款：交易單已建立，並且訂單未付款。
- 支付中：付款中。
- 支付成功：付款已成功。
- 支付結束：此交易已完成，不支援退款等操作。

4. 退出介面

退出介面主要用於關閉支付並且清理支付資源。以下介面用於退出 SDK，呼叫該介面之後 SDK 不可使用（不能再呼叫支付介面）。

```
public void exitSDK() ;
```

應用退出時推薦呼叫該介面，若不呼叫該介面，則部分支付資料無法在本機持久化，例如支付記錄資料等。

該介面一般為同步介面，會在此介面中進行記憶體清理與本機資料持久化。

2.6 SDK 基礎──動態載入實戰

本節説明支付 SDK 中的一些內部技術實現。

動態載入技術在 2014 年左右是一個非常熱門的話題，其主要痛點和引爆點在於解決了 Google 設計的 Android 方法數超過一個 Dex 最大方法數 65535 上限的問題。在 iOS 裡面不能採用動態載入方案，這裡只針對 Android 系統。

支付 SDK 除了使用動態載入技術來解決上述問題，還使用動態載入技術
實現了以下內容：

- 將業務功能模組和介面解耦，使各層次的模組和介面的職能、功能更純
  粹，專注於業務和單一功能；
- 當線上版本出現重大問題時，將新版本回復到穩定版本，或使用已修復
  問題的版本覆蓋舊版本；
- 在產品經理提出新功能最佳化反覆運算時進行 AB 測試，經過 AB 測試
  期之後，針對不再需要的舊版本，可以直接動態載入，將功能升級到最
  新版本。

動態載入技術採用了 XXClassLoader 類別的功能，在 Android 中常用的是
PathClassLoader 和 DexClassLoader，它們都繼承自 BaseDexClassLoader。

如圖 2-2 所示是它們之間的繼承關係圖。

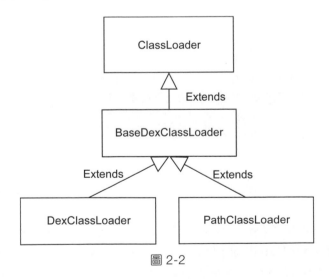

圖 2-2

DexClassLoader 和 PathClassLoader 的繼承路徑一致，如圖 2-3 所示。

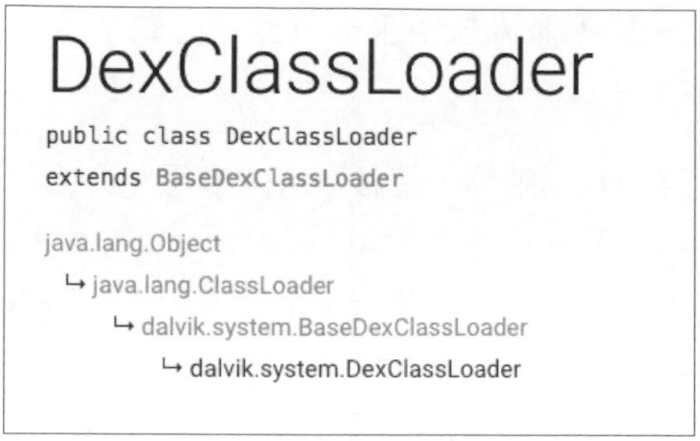

DexClassLoader

public class DexClassLoader
extends BaseDexClassLoader

java.lang.Object
  ↳ java.lang.ClassLoader
    ↳ dalvik.system.BaseDexClassLoader
      ↳ dalvik.system.DexClassLoader

圖 2-3

二者看起來非常像，用法卻並不相同。

先看一下 DexclassLoader 動態載入類別的建構方法：

```
/**
 * 一個可以從包含 Dex 檔案體中載入 classes 類別的類別載入器，能夠載入未安裝的
JAR、APK、Dex 檔案
 * @param dexPath dex：檔案路徑清單，對多個路徑使用冒號分隔
 * @param odexOutput：經過最佳化的 Dex 檔案（odex）輸出目錄
 * @param libPath：動態函數庫路徑，一般在 libs 下面，類似 classpath
 * @param parent：保留 Java 中 ClassLoader 的委派機制，父類別載入器優先載入
classes 類別，為由上而下的載入機制，防止重複載入類別位元組碼
 */
public DexClassLoader (String dexPath, String odexOutput, String libPath,
ClassLoader parent);

public PathClassLoader (String path, String libPath, ClassLoader parent)
```

由於 PathClassLoader 只能載入已安裝應用 APK 套件的 Dex 檔案，所以它應該在 Android Dalvik 虛擬機器上。PathClassLoader 在 ART 虛擬機器上可以載入未安裝 APK 套件的 Dex 檔案，但 DexClassLoader 支援載入 APK、Dex 和 JAR 檔案的內容，同時支援從 SD 卡動態載入外掛程式，所以 PathClassLoader 才是我們真正需要的功能。

首先，定義一個外掛程式的支付介面：

```
public interface IPaySdk {
public boolean init(Context context , Bundle bundle , PaySdkListener listener);

Public Boolean pay(Activity activity , Bundle bundle , PaySdkListener listener);
}
```

有讀者會問為什麼這裡需要拆分為初始化和支付兩個介面。這就需要考慮到支付的特殊性。支付在應用內是一種衝動性購買行為，如果不能提供快速、流暢的支付體驗，支付成功率就會受到影響。初始化就是將準備工作（例如 App 驗證、設定參數拉取等）提前做好，支付介面直接做支付動作，這樣就會十分快速和流暢。

以上支付介面的回呼函數介面的範例程式如下：

```
Public interface PaySdkListener {

    /**
     *
     * 成功回呼
     * @param bundle：支付成功之後在回呼中帶的資料
     */
    public void onSuccessful(Bundle bundle);

    /**
     * 失敗回呼
     * @param bundle：支付失敗之後在回呼中帶的錯誤資料
     */
    Public void onFailure(Bundle bundle);
}
```

然後，撰寫外掛程式專案介面實現。下面以初始化函數為例，說明在外掛程式實體中初始化業務的一些實現：

```
public class PayPluginImpl implements IPaySdk {

    @Override
    Public Boolean init(Context context, Bundle bundle, PaySdkListener
listener) {
        if (listener == null) {
        throw new  IllegalArgumentException(" 回呼參數為空 !");
        }

        if (context == null) {
                Bundle fail = new Bundle();
                fail.putInt(PARAMETER_KEY_CODE, ERR_PARAMETER_EMPTY);
                fail.putInt(PARAMETER_KEY_MESSAGE, " 初始化失敗 :context
為空 !");
                listener.onFailure(fail);
                return false;
        }

        /**
         * 解析參數
         */
        parseParameter(bundle);
        /**
         * 初始化全域資料
         */
        initApplication(context);

        /**
         * 初始化安全上下文
         */
        defaultSecurityContext.init(context, bundle, listener);
        /**
         * 本機存放區初始化
         */
        LocalStorage.init(context, bundle, listener);
```

```
    /**
     * 遠端可信驗證
     */
    AuthAlgorithm.initAysnc(context, bundle, listener);

    // 參數解析及回呼商戶應用
    ......
    Return false;
  }
}
```

接著，將專案包裝成 JAR 檔案並且使用 Dx 指令將其包裝成 Dex 檔案。我們將外掛程式專案檔案包裝成 JAR 檔案，然後把 JAR 檔案放到 SDK 目錄 build-tools 的 25.0.3 目錄下，在這個目錄下可以看到 dx.bat 檔案，然後用下面的指令將 JAR 檔案轉為 Dex 檔案：

```
dx --dex --output=xx.dex xx.jar
```

最後，將 Dex 檔案放在 Assets 目錄下，載入並呼叫參數。範例程式如下：

```
// 載入外掛程式並初始化
// 第 1 個參數：是 Assets 下 Dex 檔案的完整路徑
// 第 2 個參數：是 Dex 檔案解壓縮後儲存的目錄，Odex 是最佳化後的路徑
// 第 3 個參數：是 C、C++ 依賴的本機函數庫檔案目錄，可以為 null
// 第 4 個參數：是上一級類別載入器
DexClassLoader dexClassLoader =new DexClassLoader(dexPath, dexOutputDir.
getAbsolutePath(), null ,getClassLoader());

Class libProvierClz =null;
try {
    libProvierClz = dexClassLoader.loadClass(" 外掛程式入口類別的完整套件路徑 ");
    // 建立 IPaySdk 實例
    IPaySdk paySdk = (IPaySdk) libProvierClazz.newInstance();
    if (paySdk != null) {
        paySdk.init(context, bundle, listener);
```

```
    }
} catch (Exception ex) {
    ex.printStackTrace();
}
```

使用以上程式就可以完成對一整個支付外掛程式的定義、實現與載入工作。

我們也可以選擇使用其他動態載入開放原始碼架構或外掛程式，並根據自己的業務和技術需求進行技術選型。

（1）DroidPlugin：是 360 手機幫手在 Android 系統上實現的一種全新的動態載入和外掛程式機制，可以在無須安裝、修改的情況下執行動態下發的 APK 檔案，對改進大型行動應用 App 的架構及實現多團隊共同協作開發有一定好處。

（2）Atlas：是一個伴隨著手機淘寶的不斷發展而衍生的執行於 Android 系統之上的容器化架構，也叫作動態元件化（Dynamic Bundle）架構，主要提供了對解耦化、元件化、動態性的支援，覆蓋了專案開發期、APK 運行期及後續運行維護期的各種問題。

（3）Virtual APK：是滴滴於 2017 年 6 月 3 日開放原始碼的架構，功能完備，支援 Android 的四大元件，有良好的相容性且入侵性較低，很適合作為動態載入耦合的外掛程式方案。

以上外掛程式選型基本上支援 Android 的四大元件，有良好的相容性，能良好地轉換華為、小米、魅族、vivo 等手機，對未知機型有較好的自我調整轉換方案，也有極佳的成熟度，我們可以根據自己的喜好選擇和應用。

隨著 Android 發行版本的升級，Google 推出了自己的動態化載入方案 Android App Bundle 和原生支援的 SplitAPK 機制，用於減少 Android 應用程式的安裝容量。

現在，Android App Bundle 已更新版本，附加了語言安裝 API，同時簡化了即時應用程式 App Bundle 的發佈程式，也為 Google Play 應用程式簽章提供了新的選項。除此之外，開發者可以隨選移除應用程式不需要使用的模組，進一步減少對內部儲存空間的佔用。

> **注意**：近年來，對於要上架 Google Play 的應用，如果內部採用了動態載入技術，則隨著 Google 對動態載入技術政策的收緊，可能面臨不能上架的風險，所以推薦使用 Google 本身的動態架構和載入技術，這樣比較穩妥。

2.7 SDK 血管──網路傳輸實戰

本節主要介紹收銀台 SDK 在網路層的一些開放原始碼元件選型與封裝，以及開放原始碼元件相關網路特性的使用方法。

雖然很多公司和團隊都有自己的網路函數庫，但使用開放原始碼網路函數庫的不在少數，其基本出發點都是以本身為基礎的業務來封裝一些好用的模組、類別或方法。關於收銀台 SDK 的網路選型除了要關注應用常用的網路通訊功能，還要關注安全資料通訊需求。

2.7.1 網路通訊協定選型

我們選擇的網路通訊一般都基於 HTTPS，當然，也有基於 WebSockets 和安全 TCP、UDP 協定的，部分不敏感的資訊和官網可以採用 HTTP，主要根據公司採用的技術堆疊、業務和效能的需求來定。

目前通用的收銀台 SDK 大致上基於 HTTPS 就可以滿足需求了。HTTPS 是從 HTTP 發展而來的，下面首先介紹一下 HTTP。

根據 HTTP 的標準，對網路資料可以使用多種請求方法。

- 在 HTTP 1.0 中定義了 3 種請求方法，即 GET、HEAD 和 POST 方法。
- 在 HTTP 1.1 中新增了 5 種請求方法，即 PUT、DELETE、CONNECT、
  OPTIONS 和 TRACE 方法。

對這些方法的描述如表 2-4 所示。

表 2-4

方　法	描　述
GET	請求指定的頁面資訊，並傳回實體主體。 支付開放平台網站和下載套件通常採用這種請求方法
HEAD	類似 GET 請求，只不過在傳回的回應中沒有實際的內容，用於取得表頭 在支付通知介面呼叫失敗之後測試商戶伺服器是否可用
POST	向指定的資源提交資料，請求伺服器處理（例如提交表單或上傳檔案）， 資料被包含在請求本體中。 POST 請求可能會導致新資源的建立和（或）已有資源的修改，是支付介面中最常用的請求方法。 例如：收銀台 API 採用此方法傳輸資料
PUT	將使用者端向伺服器傳送的資料取代指定文件的內容
DELETE	請求伺服器刪除指定的頁面
CONNECT	將伺服器作為代理，讓伺服器代替瀏覽器存取其他網頁，之後將第三方商戶伺服器的資料傳回給瀏覽器，產生代理伺服器的作用
OPTIONS	允許使用者端檢視伺服器的效能
TRACE	回應[5] 伺服器收到的請求，主要於測試或診斷。 收銀台採用此方法重新測試可用性

5　回顯：顯示正在執行的批次處理指令及執行結果。

我們一般了解 GET 和 POST 方法即可，其他方法極少被用到。

GET 方法在請求資料時使用，POST 方法一般在傳送資料時使用（例如：增、刪、改等伺服器操作）。

GET 請求範例如圖 2-4 所示，我們可以在瀏覽器的網址列裡輸入 "http://www.uc.cn" 的 URL 位址。

```
▼ General
   Request URL: http://www.uc.cn/
   Request Method: GET
   Status Code: ● 200 OK
   Remote Address: 14.116.140.57:80
   Referrer Policy: no-referrer-when-downgrade
▼ Response Headers      view source
   Connection: Keep-Alive
   Content-Encoding: gzip
   Content-Length: 9148
   Content-Type: text/html
   Date: Mon, 04 Jun 2018 10:58:46 GMT
   Keep-Alive: timeout=5, max=100
   Server: Apache
   Vary: Accept-Encoding,User-Agent
▼ Request Headers       view source
   Accept: text/html,application/xhtml+xml,application/xml;q=0.9,image/webp,image/apng,*/*;q=0.8
   Accept-Encoding: gzip, deflate
   Accept-Language: zh-CN,zh;q=0.9
   Cache-Control: max-age=0
   Connection: keep-alive
```

圖 2-4

POST 請求範例如圖 2-5 所示，我們一般會用到 PostMan 外掛程式[6]。

6　PostMan 外掛程式：一款功能強大的網頁偵錯與發送網頁 HTTP 請求的 Google Chrome 瀏覽器外掛程式，可以從 Google Chrome 的應用商店中找到。

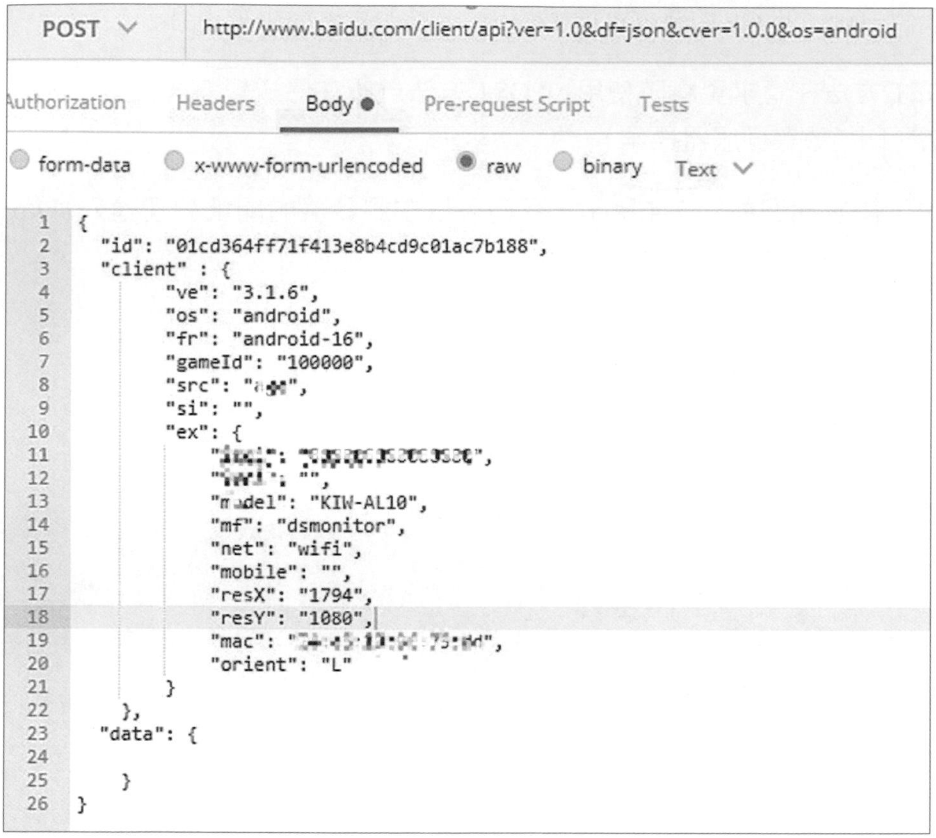

圖 2-5

這裡一般使用 JSON 格式的資料作為 POST 請求本體和回應體，例如：圖 2-5 中的範例資料就採用了 JSON 格式。資料 ID 是請求的唯一編號，用來跟進、定位請求與回應，一般採用 UUID；也可以使用分類加時間戳記作為唯一 ID，Client 節點一般為請求的裝置資訊。

回應體一般可被設計如下：

```
{
    "id":"01cd364ff71f413e8b4cd9c01ac7b188",
    "state":0,
```

```
    "msg":" 操作成功 ",
    "data":{
        "ve":"v1.0",
        "content":" 需要移動的功能 "
    }
}
```

這裡，id 為服務端處理好支付流程之後將結果回傳到使用者端請求時的唯一編號；state 為服務端的處理狀態碼，通常是 SDK 與服務端協商的狀態數值；msg 為服務端處理之後傳回的結果，data 為服務端發送給使用者端的資料內容體。

2.7.2 開放原始碼網路函數庫選型

在 Android 系統下使用的網路通訊函數庫通常有 HTTPClient、HttpUrl Connection、Volley 和 OkHttp 等。

其中，HTTPClient 已不再被推薦使用，在 Google 發佈的 Android 6.0 版本中已將其刪除，Google 官方推薦使用 HttpUrlConnection（較 HTTPClient 更為輕量級，穩定性也不錯）。不過 HttpUrlConnection 在 2.2 之後的版本中也有一些 Bug，例如：在對一個讀取的網路輸入串流（InputStream）呼叫 close 方法時，可能會導致網路連接池故障。這裡通常的解決辦法是直接禁用網路連接池。

Volley 適用於資料量不大但通訊頻繁的網路場景中，其 API 較為簡單、輕巧，並且該架構的封裝度高，擴充性也很強，同時支援 HTTPClient、HttpUrlConnection 及 OkHttp。Volley 由 Google 開放原始碼，如果想了解網路函數庫架構的實現，則可以閱讀它的原始程式。但其缺點也很明顯：目前 Google 宣佈其版本不再更新，並且對大資料塊的上傳和下載等操作支援不好。

OkHttp 是 Square 公司開放原始碼的專案,優勢在於支援協定豐富(SPDY 協定、HTTP 2.0)、效能更高(基於 NIO 和 OKIO)、連接重複使用[7]、請求失敗自動重連等,可以說是網路通訊函數庫中的佼佼者,基本上也是 HTTP 網路通訊函數庫的最佳選擇。

下面簡單介紹 OkHttp 在 SDK 環境中的一些使用步驟和注意事項。

首先,建立 OkHttpClient 物件,官方文件要求最好使用單例模式,在後面對 OkHttp 進行封裝時會提到。

以下提供兩種方法建立 OkHttpClient 物件。

方法一,直接建立一個實例:

```
OkHttpClient mOkHttpClient = new OkHttpClient();
```

方法二,使用 Builder 建置一個實例:

```
OkHttpClient.Builder okbuilder = new OkHttpClient.Builder();
// 設定逾時
okbuilder.connectTimeout(15,TimeUnit.SECONDS);
okbuilder.readTimeout(20,TimeUnit.SECONDS);
okbuilder.writeTimeout(20,TimeUnit.SECONDS);
// 是否開啟錯誤重連
okbuilder.retryOnConnectionFailure(true);
mOkHttpClient = okbuilder.build();
```

逾時控制參數總計 3 個,預設值都是 10 秒,如下所述。

一般推薦在使用 OkHttp 之前立即對該連接進行逾時控制參數設定。

---

7 連接重複使用:也叫作多工,即實現了 TCP 的長連接,在一個 TCP 通道中可以連續處理多個 HTTP 請求回應。

- ConnectTimeout：連接逾時。
- ReadTimeout：讀取資料逾時。
- WriteTimeout：寫資料逾時。

如果將 ConnectionTimeout 設定為 1 秒，則在服務端的網路負載過高時，會導致使用者端請求等待連接的時間非常長；如果沒有設定（預設為 10 秒），則在圖片取得場景下服務回應非常緩慢時也需要等待 10 秒，會導致服務的回應非常慢，回應時間（RT）過長，使新進入伺服器的用戶端請求無法被處理，系統的每秒查詢率（QPS）下降得非常明顯。所以我們寧願快速地讓服務端將錯誤訊息傳回給用戶端，讓它們下次發起請求。

總之，我們要結合實際的業務場景來設定讀、寫資料逾時，例如：將支付 REST API 預設設定為 3 秒逾時，這個值會低於一般網路服務器大部分的情況下的逾時設定。這裡設定了 2 秒的讀、寫資料逾時。

另外，對於每秒查詢率很高的系統一定要設定好逾時，寧願立即傳回給用戶端錯誤，也不要為了保持連接而導致服務端逾時過久，這也是「服務為先」的設計理念。

對於 OkHttp 元件的 POST 請求，需要透過 FormEncodingBuilder 建立 RequestBody 物件（JSON 資料使用 RequestBody 並將其指定為 JSON 的 MediaType），並指定需要請求（POST）傳進去的參數。

對於 GET 請求則需要關注 QueryString，它是一個 key-value Map 集合：

```
// 以 POST 方式提交的資料
FormBody formBody = new FormBody.Builder()
        .add("productName", " 支付架構 ")
        .add("price", "50")
        .add("orderId", "orderId201906130226655")
        .build();
 //MediaType，設定在 Content-Type 標頭中包含的 JSON 類型的值
```

```
RequestBody requestBody = FormBody.create(MediaType.parse("application/json;
charset=utf-8"), json);
```

建立 Request 物件，此實例為請求伺服器物件，需要指定請求的 URL 參數。

在使用 POST 請求時需要指定 RequestBody 物件，對 GET 請求則不需要填寫 RequestBody 物件：

```
Request request = new Request.Builder()
        .url("http://192.168.0.168:8080/createOrder")// 請求的 url.
post(requestBody)
        .build();
```

在呼叫 OkHttpClient 物件的 newCall 方法時，把需要的 Request 物件傳進去，執行 execute 或 enqueue 方法之後，會傳回一個 Response 物件：

```
Response forceCacheResponse = client.newCall(request).execute();
if (forceCacheResponse.code() != 200) {
    // 資源已快取，將它顯示出來
} else {
// 資源未快取
}
```

需要注意的是，OkHttp 函數庫的 execute 方法是同步方法，enqueue 方法是非同步方法，請根據實際情況選擇使用。如果網路本身就在非主執行緒中，則可以根據業務的上下文採用同步方法；如果網路本身在主執行緒中，則一定要採用非同步方法，否則在 Logcat 裡面會出現主執行緒顯示出錯的資訊。

SDK 在處理網路請求之後，會將資料回呼給 CallBack 函數的 onResponse 方法，這樣商戶開發者就可以繼續處理傳回的相關支付結果資料。onResponse 的回呼參數是 response，在一般情況下，如果希望取得傳回的字串，則可以透過 response.body().string() 取得；如果希望取得傳回的二進位位元組陣列，則可以直接呼叫 response.body().bytes() 取得，但需要關注是否有字元編碼的問題。

如果在對帳檔案下載場景下呼叫 response.body().byteStream() 就可以取得伺服器傳回的檔案流資料，則可以透過 I/O 方式寫入檔案。

至此，一個利用 OkHttp 函數庫提交資料到支付服務端的完整範例就示範完畢了，取得資料類似，唯一的區別是沒有 RequestBody 物件。

> **注意**：這個 onResponse 方法執行的執行緒並不是 UI 執行緒。如果需要操作介面，則需要先將資料提交到介面主執行緒中再操作，類似 runOnUiThread 方法或 new Handler(Looper. getMainLooper()).post(...) 方法。

2.7.3 GZIP 壓縮技術

除了網路請求，我們還需要使用啟用 GZIP 編碼來改進 SDK 的網路通訊效能。使用 GZIP 可以有效壓縮資料的佔用傳輸大小，進而縮短網路傳輸的時間，加快網路傳送速率。為此，在 HTTPS 中可以將 Accept-Encoding、Content-Encoding 的 HTTPS 標頭改為 GZIP 數值（在程式中用 "gzip"），再將提交或回應的資料使用 GZIP 演算法壓縮或解壓縮。

在使用 OkHTTP 函數庫技術的場景下，則需要用到 OkHTTP 的攔截器進行 GZIP 壓縮和解壓縮，程式如下：

```
Public class GzipRequestInterceptor implements Interceptor {

Public static final CONTENT_ENCODING= "Content-Encoding";

@Override
Public Response intercept(Chain chain) throws IOException {
Request request = chain.request();
```

```
if (null== request.body()||null != request.header(CONTENT_ENCODING)) {
    return chain.proceed(request);
}


Request compressedRequest = request.newBuilder()
                .header("Content-Encoding", "gzip")
                .method(request.method(), gzip(request.body()))
                .build();
returnchain.proceed(compressedRequest);
}


Private RequestBody gzip(final RequestBody body) {
return new RequestBody() {
@Override
public MediaType contentType() {
return body.contentType();
}


@Override
public long contentLength() {
return -1; // 資料大小不正確
}


@Override
public void writeTo(BufferedSink sink)throws IOException {
    BufferedSink gzipSink = Okio.buffer(new GzipSink(sink));
    body.writeTo(gzipSink);
    gzipSink.close();
    }
  };
}
}


...
OkHttpClient httpClient =new OkHttpClient.Builder()
.addInterceptor(new GzipRequestInterceptor())
```

2.7.4 登入態保持

我們經常會面對支付帳號的登入場景或第三方 OAuth[8] 驗證場景，在這種場景下就要求存取伺服器位址時帶上 Cookie 資訊，否則帳號登入會故障，或提示重新登入。

OkHttp 使用 CookieJar 類別管理 Cookie，程式如下：

```java
// 初始化 Cookie 管理員
CookieJar cookieJar = new CookieJar() {

private final Map<String, List<Cookie>>cookiesMap = new HashMap<String,
List<Cookie>>();
@Override
public void saveFromResponse(HttpUrl url, List<Cookie> lstCookie) {

// 移除相同的 Cookie
String host = url.host();
List<Cookie> cookiesList = cookiesMap.get(host);
   if (cookiesList != null){
      cookiesMap.remove(host);
   }
   // 再將 host 資料重新增加到集合清單中
   cookiesMap.put(host, lstCookie);
}
@Override
public List<Cookie>loadForRequest(HttpUrl url) {
      List<Cookie> cookiesList = cookiesMap.get(url.host());
      return cookiesList != null ? cookiesList :new ArrayList<Cookie>();
}
```

---

8 OAuth：開放授權，是一個開放標準，允許第三方應用存取使用者儲存在某一網站上的私密資訊。

```
}
```

…使用
```
OkHttpClient mOkHttpClient=new OkHttpClient.Builder().cookieJar(cookieJar);
```

2.7.5 安全資料通訊

HTTP 是超文字傳輸協定,對資訊採用的是明文傳輸,非常不安全,並且是無狀態連接,容易洩露資訊和被竄改。

HTTPS 是由 "SSL/TLS + HTTP" 建置的可進行加密傳輸、身份認證的網路通訊協定,比 HTTP 更加安全。HTTP 和 HTTPS 使用的是完全不同的連接方式,使用的通訊埠也不一樣,前者採用的是 80 通訊埠,後者採用的是 443 通訊埠。

在以下範例程式中使用了「HTTPS+ 安全憑證」與伺服器進行通訊。這個憑證源於 CA[9] 認證的網站,一般需要收取一定的費用。

> **注意**:如果 CA 憑證被放在使用者端,則需要關注其有效期,所以在這種場景下更需要動態載入和動態更新功能。

以下是 HTTPS 在 OkHttp 元件上的原始程式範例:

```
X509TrustManager trustManager = null;
SSLSocketFactory sslSocketFactory = null;
InputStream inputStream = null;
try {
```

---

9 CA:憑證授權中心,是一個第三方機構,負責檢查憑證持有者身份的合法性,並簽發認證憑證,以防認證憑證被偽造或竄改。

```java
// 取得服務端儲存在 Assets 目錄下的憑證檔案
inputStream = context.getAssets().open("x509.pk8");
try {
// 以流方式讀取憑證
trustManager = loadTrustManagerForCertificates(inputStream);
SSLContext sslContext = SSLContext.getInstance("TLS");
sslContext.init(null, new TrustManager[]{trustManager}, null);
sslSocketFactory = sslContext.getSocketFactory();

} catch (GeneralSecurityException e) {
    e.printStackTrace();
}

client = new OkHttpClient.Builder()
        .sslSocketFactory(sslSocketFactory, trustManager)
        .build();
} catch (IOException e) {
    e.printStackTrace();
}


}

private X509TrustManager loadTrustManagerForCertificates(InputStream in)
throws GeneralSecurityException {
    CertificateFactory certificateFactory = CertificateFactory.getInstance
("X.509");
Collection<? extends Certificate> certificates = certificateFactory.
generateCertificates(in);
if (certificates.isEmpty()) {
    throw new IllegalArgumentException("expected non-empty set of trusted
certificates");
}

// 將憑證設為金鑰儲存區
char[] password = "password".toCharArray();
```

```
// 任何密碼都可以
KeyStore keyStore = newEmptyKeyStore(password);
int index = 0;
for (Certificate certificate : certificates) {
    String certificateAlias = Integer.toString(index++);
    keyStore.setCertificateEntry(certificateAlias, certificate);
}

// 使用 KeyManagerFactory 建置 X509 信任管理員
KeyManagerFactory keyManagerFactory = KeyManagerFactory.getInstance(
KeyManagerFactory.getDefaultAlgorithm());
keyManagerFactory.init(keyStore, password);
TrustManagerFactory trustManagerFactory = TrustManagerFactory.getInstance(
TrustManagerFactory.getDefaultAlgorithm());
trustManagerFactory.init(keyStore);
TrustManager[] trustManagers = trustManagerFactory.getTrustManagers();
if (trustManagers.length != 1 || !(trustManagers[0] instanceof
X509TrustManager)) {
throw new IllegalStateException("Unexpected default trust managers:"
+ Arrays.toString(trustManagers));
}
return (X509TrustManager) trustManagers[0];
}
```

2.8 SDK 通訊──訊息通訊實戰

提到訊息通訊，大家的第一反應是可以透過 EventBus、OTTO 等開放原始
碼架構實現它，這對於大應用和多頁面場景應該是比較恰當的技術造型。
但是在 SDK 場景下，選擇大型開放原始碼函數庫不論是否真正合適，
必然會太「重量級」。例如有的應用對套件的大小有限制，就不能採用

EventBus、OTTO 等這樣的開放原始碼元件,並且不同版本的 Android 系統也存在相容性問題。

這 時 Android 系 統 附 帶 的 原 生 通 訊 方 案 LocalBroadcastManager、LocalSocketServer、Handler 等就派上用場了,因為它們足夠小巧、安全(但 BroadcastReceiver 存在些安全性問題,使用不當時外部也可以接收到內部相關的廣播資訊和資料),同時執行效率不錯。我們可以透過本機廣播、本機通訊端的方式在處理程序的內部元件之間傳遞訊息。其實監聽方並不關心訊息資料是從什麼地方發來的,呼叫方只負責發送訊息資料就可以了。

訊息通訊流程抽象出來類似圖 2-6 所示。

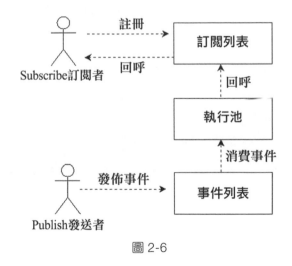

圖 2-6

首先,訂閱者會訂閱自己關注的事件或訊息(簡稱 Event),訊息發送者投遞 Event 訊息到事件(訊息)佇列,執行池會在每一個週期都從事件佇列中取得一個事件進行處理(執行池可根據業務確定是否需要),並將處理結果拋給監聽的訂閱列表,訂閱清單會將訊息或交易傳遞給訂閱者。

下面以 LocalBroadcastManager、LocalSocketServer 為例來説明 SDK 內部的訊息通訊機制和實現。

2.8.1 LocalBroadcastManager

LocalBroadcastManager 被稱為本機廣播通知管理員,用於目前處理程序內的訊息通訊,優先使用其進行註冊和發送,比 BroadcastReceiver 安全性更好,同時有更高的執行效率。

實現訊息通訊時有以下步驟。

(1)取得 LocalBroadcastManager 物件的單例:

```
LocalBroadcastManager broadcastManager = LocalBroadcastManager.
getInstance(this) ;
```

(2)定義訂閱者的 Intent 篩檢程式和訊息接收者:

```
/**
 * 建立一個訂閱者的 Intent 篩檢程式,按照優先關係進行尋找:action->data->
category
 */
private IntentFilter mIntentFilter = new IntentFilter(Publisher.PAY_RESULT);
/**
 * 建立一個事件接收者
*/
private BroadcastReceiver mBroadcastReceiver = new BroadcastReceiver() {
@Override
public void onReceive(Context context, Intent intent) {
// 在這裡接收事件,注意是主執行緒
String action = intent.getAction() ;
if ( Publisher.PAY_RESULT.equals( action )){
        Log.d( " 收到 [PAY_RESULT] 訊息:" + intent.getStringExtra( "data"
) , " 目前執行緒: " + Thread.currentThread().getName() ) ;
```

```
    }
  }
};
```

（3）註冊廣播接收器：

```
/**
 * 註冊廣播接收者和篩檢程式
 */
localBroadcastManager.registerReceiver(mBroadcastReceiver, mIntentFilter);
```

至此，訊息訂閱者的程式實現已經完成了，我們需要做的就是在 mBroadcastReceiver 裡面處理更多的訊息事件及相關的業務流程。

不過在 Activity 的生命週期裡面一般還會有以下常見做法，主要是為了節省資源，避免忘記取消訊息訂閱者所導致的記憶體洩漏：

```
@Override
protected void onResume() {
    super.onResume();
    LocalBroadcastManager.getInstance(this). registerReceiver
(mBroadcastReceiver, mIntentFilter);
}

@Override
protected void onPause() {
    super.onPause();
    LocalBroadcastManager.getInstance(this). unregisterReceiver
(mBroadcastReceiver);
}
```

訊息發送者可以直接使用以下程式發送訊息的內容和附加資料：

```
Intent intent = new Intent( Publisher.PAY_RESULT );
intent.putExtra( "data" , " 攜帶擴充資料 " );
localBroadcastManager.sendBroadcast( intent );
```

這樣的程式看起來可能沒有設計感，但如果結合 IntentService 進行訊息和資料的封裝（在所有 intent 都被處理完後，系統會自動關閉這個服務），就可以完成一個整體的訊息通訊架構，其程式如下：

```java
import android.app.IntentService;
import android.content.Intent;
import android.support.v4.content.LocalBroadcastManager;

/**
 * 將訊息發送和封裝在 IntentService 裡
 *
 * 在使用時直接呼叫
 *
 * Intent i = new Intent("cn.sdk.xdata.Publisher");
 * Bundle bundle = new Bundle();
 * bundle.putString("data", " 擴充資料 ");
 * i.putExtras(bundle);
 * startService(i);
 *
 */
public class Publisher extends IntentService {

public static final String PAY_RESULT = "pay_result";

private final Intent mIntent = new Intent(PAY_RESULT);

public Publisher() {
super(Publisher.class.getSimpleName());
}

@Override
protected void onHandleIntent(Intent intent) {
/**
         * 取得擴充資料，可以將其放在訊息裡
         * String data = intent.getExtras().getString("data");
```

```
        */
        LocalBroadcastManager.getInstance(this).sendBroadcast(mIntent);
}
}
```

> **注意**：在發送本機訊息時務必使用 LocalBroadcastManager.getInstance().
> sendBroadcast(intent)，否則將接收不到廣播，而傳統的發送廣播的方法是
> context.sendBroadcast(intent)。

2.8.2 LocalSocketServer

LocalSocketServer 同樣可以實現在同一個處理程序（含多處理程序間）中，以及多個執行緒之間或多個 Activity 之間傳遞資料，可以與原生及其他語言進行通訊。

使用 LocalSocketServer 實現訊息通訊的流程如下。

（1）建立 LocalSocketServer 物件，需要處理 IOException 異常，通常會有 Bind 通訊埠衝突等異常發生：

```
/**
 * 建立 LocalSocketServer 物件
 * @return
 */
private boolean createServerSocket() {
try {
    server = new LocalServerSocket("cn.paysdk.ipc.local");
    returntrue;
} catch (BindException be) {
    LogUtil.w(TAG , "Binding error, " + be.getMessage());
} catch (IOException ex) {
    LogUtil.w(TAG , "Create error, " + ex.getMessage() );
```

```
    }
    return false;
    }
```

（2）建立一個執行緒，用於接收連接過來的使用者端 Socket，其函數預設
阻塞執行緒，直到有一個請求連接進來，並建立好連接：

```
while (!stopThread) {
    if (null == server){
        Log.d(TAG, "The LocalServerSocket is NULL !!!");
        stopThread = true;
        break;
    }

    try {
        Log.d(TAG, "LocalServerSocket begins to accept()");
        receiver = server.accept();
    } catch (IOException e) {
        Log.d(TAG, "LocalServerSocket accept() failed !!!");
        e.printStackTrace();
        continue;
    }
}
```

（3）取得請求連接 Socket 的輸入串流，並讀取資料指令：

```
Log.d(TAG, "The client connect to LocalServerSocket");

while (receiver != null) {

try {
    bytesRead = input.read(buffer, posOffset,
    (bufferSize - totalBytesRead));
} catch (IOException e) {
    Log.d(TAG, "There is an exception when reading socket");
```

```
        e.printStackTrace();
break;
}
if (bytesRead >= 0) {
Log.d(TAG, "Receive data from socket, bytesRead = "
    + bytesRead);
    posOffset += bytesRead;
    totalBytesRead += bytesRead;
}


if (totalBytesRead == bufferSize) {
Log.d(TAG, "The buffer is full !!!");
    String str = newString(buffer);
    Log.d(TAG, "The context of buffer is : " + str);

    bytesRead = 0;
    totalBytesRead = 0;
    posOffset = 0;
}


    }
Log.d(TAG, "The client socket is NULL !!!");
}
```

（4）在讀取資料之後，不要忘記將其關閉：

```
if (receiver != null){
    try {
        receiver.close();
    } catch (IOException e) {
    e.printStackTrace();
    }
  }
if (server != null){
    try {
```

```
        server.close();
    } catch (IOException e) {
    e.printStackTrace();
  }
}
}
```

（5）在通訊過程中需要中止指令的執行時期，可以使用以下程式：

```
publicvoid setStopThread(){
stopThread = true;
    Thread.currentThread().interrupt();
}
```

對於 Client 端就相對簡單了，這裡使用一個 NDK（C 語言）程式來實現使用者端的連接程式：

```
JNIEXPORTvoidJNICALL Java_cn_paysdk_ipc_local_ClientThread_clientSocketNative
        (JNIEnv *env, jobject object){

LOGD("In clientSocketNative() : Begin");
        stopThread = 1;

int sk, result;
int count = 1;
int err;

char *buffer = malloc(8);

int i;
for(i = 0; i<8; i++){
buffer[i] = (i+1);
    }

struct sockaddr_un addr = {
```

```
AF_UNIX, "cn.paysdk.ipc.local"
        };


    LOGD("In clientSocketNative() : Before creating socket");
    sk = socket(PF_LOCAL, SOCK_STREAM, 0);


if (sk <0) {
err = errno;



LOGD("In clientSocketNative() : Before connecting to Java LocalSocketServer");
if (connect(sk, (struct sockaddr *) &addr, sizeof(addr)) <0) {
err = errno;
    LOGD("%s: connect() failed: %s (%d)\n",__FUNCTION__, strerror(err), err);
    close(sk);
errno = err;
return;
    }


LOGD("In clientSocketNative() : Connecting to Java LocalSocketServer succeed");

while(!stopThread){
    result = write(sk, buffer, 8);
    LOGD("In clientSocketNative() : Total write = %d", result);
        count++;
    if(4 == count){
    sleep(1);
        count = 0;
        }
            }

    LOGD("In clientSocketNative() : End");
    }
```

2.9 SDK 持久化——資料庫實戰

目前在 Android 的收銀台 SDK 和應用的開發過程中，主要使用資料庫 SQLite，該資料庫屬於檔案資料庫，使用起來比較簡便。

本節重點説明使用 SQLite 時存在的一些異常、修復方法及推薦做法。

SQLite 的使用流程如下。

（1）建立資料庫，包含建立 SQLite 物件和表，在升級時可以先 Drop 表再建立，也可以執行 alter table 等 SQL 敍述：

```java
/**
 * 建立時傳入上下文、資料庫名稱、版本等資料
 */
SQLiteOpenHelper dbHelper = new SQLiteOpenHelper(context, databaseName, null,
dbVer) {
@Override
public void onCreate(SQLiteDatabase db) {
    // 執行建立表的 SQL 敍述
    db.execSQL(String.format(CREATE_TABLE_SQL, mTableName));
}

@Override
public void onUpgrade(SQLiteDatabase db, int oldVersion, int newVersion) {
    db.execSQL("DROP TABLE IF EXISTS " + mTableName);
    // 資料庫升級
    db.execSQL(String.format(MODIFY_TABLE_SQL, mTableName));
}
};
// 取得寫入資料物件
mDatabase = dbHelper.getWritableDatabase();
```

（2）資料操作包含 insert、update、delete 等，可以使用 ContentValues 方法和 execSql 方法操作。

使用 ContentValues 方法的範例如下：

```
try{
    ContentValues cvs = new ContentValues();
    cvs.put(COLUMN_NAME_DATA, info.data);
    cvs.put(COLUMN_NAME_PRIORITY, info.priority);
    cvs.put(COLUMN_NAME_CREATE_TIME, info.createTime);
    cvs.put(COLUMN_NAME_CITY, info.city);
    cvs.put(COLUMN_NAME_REMARK, info.remark);
long result = mDatabase.insert(mTableName, null, cvs);
return  result;
} catch (Exception e) {
// 處理異常
}
```

使用 execSql 方法的範例如下：

```
// 插入資料的 SQL 敘述
String sql="insert into city(data,priority,createtime,city,remark)
values('GZ','1','2019-07-04 11:34:54', 'GuangZhou','廣州 ')";

// 執行 SQL 敘述
db.execSQL(sql);
```

2.9.1　游標的使用

Cursor（游標）是 SQLite 資料庫查詢傳回的行數集合，是一個游標介面，提供了檢查查詢結果的方法，例如移動指標方法 move、獲得列值方法 getString 等。程式如下：

```
SQLiteDatabase db = null;
Cursor cursor = null;
```

```
try {
    // 取得可讀取資料庫物件
    db = getReadDB();
    // 查詢資料庫欄位
    cursor = qb.query(db, COLUMNS, where, null, null, null, null);
    // 循環游標
    while (cursor.moveToNext()) {
        // 取資料
    tmpInfo.setCity(cursor.getString(cursor.getColumnIndex(Column.CITY)));

        accountList.add(tmpInfo);
    }
    } catch (Exception e) {

    } finally {
    if (cursor !- null) {
cursor.close();
    cursor = null;
    }
}
```

2.9.2 交易的使用

Transaction（交易）是一個資料執行工作單元，是以邏輯順序完成的程式序列或工作序列，具備 ACID（Atomicity、Consistency、Isolation、Durability，原子性、一致性、隔離性、持久性）特性。

下面重點說明一些異常處理方法。

（1）在業務中有多執行緒操作寫入資料到資料庫中時，需要使用交易，以免出現資料同步問題，無論是多筆一起變更還是一筆變更（大量資料插入除外，大量資料循環插入容易出現 notransaction is active 異常）。

虛擬程式碼如下：

```
beginTransaction();
for execSql->Sql
    setTransactionSuccessful();
    endTransaction(); // 放在 finally 敘述中
```

（2）為了確保效能及不出錯，我們一般會習慣性地開啟和操作資料庫，而不會顯性地關閉資料庫。筆者曾因為沒關閉資料庫，導致應用退出前的最後一筆資料無法儲存。

ContentProvider 在資料庫操作時會有回呼通知，以方便使用方更新，虛擬程式碼如下：

```
count = db.delete(FrameStats.TABLE_NAME, selection, selectionArgs);
getContext().getContentResolver().notifyChange(Stats.CONTENT_URI, null);
```

（3）我們在執行 SQL 敘述時，應儘量使用 SQLiteDatabase 類別的 insert、update、delete 方法，既不要使用 execSQL 方法，也不要直接執行字串作為 SQL 敘述，以免有 SQL 植入的風險。例如在 where 條件中加入 "and 1=1" 敘述：

```
String sql = String.format("UPDATE %s SET data=%s WHERE id=%s", stat, data,
"1 and 1=1");
db.execSQL(sql);
```

（4）SQLite 是一個檔案，所有資料都在一個資料庫檔案中，支援資料庫級平行處理及執行緒安全，允許多個讀交易同時執行，在同一時刻最多只有一個寫交易，避免讀 / 寫衝突。

SQLite 的所有鎖實現都是以檔案鎖為基礎的，在交易開啟時上鎖，上鎖和釋放鎖同樣遵循檔案鎖協定，在交易提交或回覆時（以及 close）才釋放鎖。

2.9.3 最佳做法

常見的異常和解決方案如下。

（1）游標記憶體洩漏異常：

```
Cursor windowallocation of  2048 kb failed
```

解決方案：在使用資料庫時忘記釋放游標導致記憶體洩漏，請在使用完畢之後手動關閉 Cursor（cursor.close），一般推薦將其放在 finally 敘述中。

（2）多執行緒寫資料庫時，有些執行緒在修改資料，有些執行緒在刪除資料，容易導致以下異常：

```
SqliteDiskIOException:diskI/O error
```

解決方案：在多執行緒場景下寫資料庫，做好同步或單獨列出一個寫資料庫的執行緒，其他執行緒需要在寫資料時發訊息給這個寫執行緒。

（3）在開啟連接的資料庫時，因為 Meta 表不存在，所以容易出現以下異常：

```
No such table android_metadata
```

解決方案：在 Open 資料庫的函數中加入 SQLiteDatabase.NO_LOCALIZED_ COLLATORS，同時應該在 OnDestory 函數中關閉資料庫。程式如下：

```
SQLiteDatabase.openDatabase(stPathToDB, null, SQLiteDatabase.NO_LOCALIZED_
COLLATORS | SQLiteDatabase.OPEN_READONLY);
```

（4）在應用或 SDK 使用 WebView 元件時，通常容易出現以下問題，因為網頁資料快取也是依賴資料庫進行儲存的，所以在內部儲存中可以看到 webview.db 和 webviewdb.db 檔案：

```
WebViewDatabase$1.run(WebViewDatabase.java:1000) 異常
```

解決方案：清空快取資料庫，或採用合適的快取策略。例如：先判斷是否有網路，如果有，則採用 Load_default 模式；如果沒有，則採用 Load_cache_else_network 模式。程式如下：

```
setting.setCacheMode(WebSettings.LOAD_NO_CACHE);
deleteDatabase("WebView.db");和 deleteDatabase("WebViewCache.db");
webView.clearHistory();
webView.clearFormData();
getCacheDir().delete();
```

（5）頻繁操作資料庫容易導致以下異常，通常是開啟、關閉、重複等動作：

```
Attempt to re-open an already-closed object.
```

解決方案：在目前的業務流程中一直開啟資料庫，不關閉，在退出的地方再統一對資料庫進行關閉。

（6）在不同的執行緒中建立多個連接時，會出現以下異常：

```
Database is locked.
```

解決方案：將資料庫操作類別做成一個單例，並且使用同步的關鍵字。

2.10 SDK 效能最佳化──多執行緒實戰

在收銀台 SDK 中會用到很多執行緒相關的內容，例如網路執行緒、非同步通知執行緒、本機 I/O 執行緒，並且定時任務也有可能是一個執行緒。採用多執行緒實質上是對 CPU 和系統性能的一種壓榨，同時實現了對使用者體驗的追求。

我們從啟動一個應用開始，就離不開執行緒。

例如：使用 DDMS[10] 工具偵錯某一個應用時，可以發現啟動了多個執行緒，如圖 2-7 所示。

1		12514	Native	10071	1404	main
*2		12518	VmWait	4	38	GC
*3		12519	VmWait	0	0	Signal Catcher
*4		12520	Runnable	80	258	JDWP
*5		12521	VmWait	141	112	Compiler
*6		12539	Wait	10	1	ReferenceQueueDaemon
*7		12540	Wait	61	9	FinalizerDaemon
*8		12541	Wait	0	0	FinalizerWatchdogDaemon
9		12542	Native	2	6	Binder_1
10		12543	Native	6	1	Binder_2
11		12551	Wait	6	7	pool-1-thread-1
12		12567	Wait	6	0	pool-2-thread-1
13		12568	Native	3	3	WifiManager
14		12588	Native	11	14	WxThreadHandler
15		12590	Wait	81	16	http-thread
16		12595	Wait	30	9	http-thread

圖 2-7

根據圖 2-7，這裡可大致將執行緒分為以下幾種。

- 系統執行緒。
- 工作執行緒。
- 執行緒池。

2.10.1 系統執行緒

（1）main 執行緒：即主執行緒，為 main 入口函數所在的執行緒，也叫作 UI 執行緒。系統在啟動一個應用時，會把主執行緒命名為 main。在 Android 裡，主執行緒負責介面的繪製和將事件分發到各個 View 或其他

---

10 DDMS：Dalvik Debug Monitor Service，是 Android 作業系統開發套件中的 Dalvik 虛擬機器偵錯監控服務。

元件。在主執行緒裡不宜做耗時的操作，例如：進行檔案操作、網路通訊等時，需要特別小心，不允許在主執行緒裡面完成，若操作不當，則容易導致介面延遲，即 ANR（Application Not Responding），所以需要將耗時操作放在其他工作執行緒中。最簡單的方法是使用 Android 架構裡面的 AsyncTask 類別，它會幫助我們啟動新的工作執行緒，在完成任務之後將傳回的結果回饋到主執行緒介面。

（2）GC（GC 執行緒）：也叫作回收執行緒，是在 Dalvik 虛擬機器啟動的過程中建立的，它要執行的函數是 gcDaemonThread（GC 守護執行緒）。Dalvik 虛擬機器同時支援非平行和平行兩種 GC 方案，GC 回收的過程非常複雜，將處理不再被參考物件的回收工作。其功能主要包含標記處理程序內有哪些物件不再被參考，並在恰當的時間回收堆積上的記憶體，避免應用程式長時間停頓，進而提升記憶體執行效率。

（3）Signal Catcher（捕捉 Linux 訊號）：負責接收和處理 Linux Kernel 發送的各種訊號，例如：SIGNAL_QUIT、SIGNAL_USR1 等就被該執行緒接收。在當機或異常退出時，CPU 透過異常中斷的方式發出訊號，Signal Catcher 執行緒捕捉到訊號後將觸發異常處理流程。在 Native 當機堆疊裡面都會包含 "signal 11 (Address not mapped to object) at address 0x0" 錯誤訊息。

（4）JDWP（Java Debug Wire Protocol，與 Android DDMS 相關）：是 Dalvik VM 的執行緒，使用 LocalSocket 元件建立在 ADB 或 TCP 基礎上，與 DDMS 工具或 debugger 程式進行資料通訊。

（5）Compiler。Dalvik JIT 編譯執行緒的名稱後面標識有 daemon，它是個守護執行緒，負責位元組碼與機器碼之間的編譯、執行和最佳化工作。

（6）ReferenceQueueDaemon：為堆管理相關功能的守護執行緒，負責守護參考佇列。我們知道，在建立參考物件時，可以將其連結為一個物件佇列，當被參考的物件不再被需要並被 GC 回收時，被參考的物件就會被加入其建立時連結的物件佇列中。這個加入佇列的操作就是由這個執行緒完成的。這樣，應用程式就可以知道已回收哪些被參考物件了。

（7）FinalizerDaemon（執行 finalize 的守護執行緒）：為執行解構工作的守護執行緒。重新定義了成員函數 finalize() 的物件在被 GC 決定回收時，並沒有馬上被回收，而是被放到一個佇列中，等待 FinalizerDaemon 守護執行緒呼叫它們的成員函數 finalize()，然後被回收。

（8）FinalizerWatchdogDaemon：為解構監護守護執行緒，用來監控 FinalizerDaemon 執行緒的執行情況。一旦監測到那些重新定義了成員函數 finalize() 的物件在執行成員函數 finalize() 時超出一定時間，就會退出虛擬機器。

（9）Binder_1（Binder 執行緒）：為目前處理程序的執行緒池中處理 IPC（Inter Process Communication，處理程序間通訊或跨處理程序通訊）Binder 請求的執行緒。

（10）WifiManager（系統 WiFi 管理執行緒）：負責啟動和關閉 WiFi 裝置相關的 wpa_supplicant（Android 系統附帶的應用，負責連接、設定 WiFi 網路）程式，包含把指令下發給 wpa_supplicant 及更新 WiFi 的狀態。

（11）CookieSyncManager（Webview cookie 相關執行緒）：負責 WebView 元件中的 Cookie 管理和同步工作。

2.10.2 工作執行緒

在 Android 系統中，AsyncTask（AsyncTask 執行緒）一般用於使工作執行緒和 UI 執行緒配合完成任務。當然，我們也可以建立一個自己的工作執行緒（Thread），在 SDK 應用場景下將其用於後端網路請求或檔案處理後的介面更新和回應工作。下面重點介紹其使用方法及需要注意的地方。

我們在業務開發過程中常常先把複雜、耗時的業務邏輯（I/O）操作、網路請求封裝在一些 doXXX 方法中，然後啟動一個工作執行緒去呼叫 doXXX 方法。在做完函數裡面的工作之後，需要將結果顯示在 UI 介面上，這時就可以考慮使用 AsyncTask 執行緒：

```
private static JobAsyncTask<Result> extends AsyncTask<Object, Integer, Result> {

private ICallback<Result> mUICallback = null;
public JobAsyncTask(ICallback<Result> uiCallback){

    mUICallback = uiCallback;
}


@Override
protected Result doInBackground(Object... params){
    // 這裡是業務邏輯的耗時操作
    return result;
}


    @Override
protected void onPreExecute(){
    super.onPreExecute();
    // 這裡是更新使用者介面的操作
    mUiCallback.onPreExecute();
}
}
```

這只是一個簡單的程式範例，以上程式還可以使用一些介面將業務與使用者介面進行解耦，並配合 AsyncTask.THREAD_POOL_EXECUTOR 達到很好的效果，不過在 Android 3.0 版本以上才可以使用這種執行緒池模式。

AsyncTask 雖然使用起來簡便，但也有很多陷阱，如下所述。

（1）存在物件被回收或參考故障的問題。與介面相關的元件一定有 Activity 和 Fragment 等，這些元件是有生命週期的，如果在非同步工作還沒做完時介面已被關閉，工作執行緒持有的介面元件就會出現記憶體洩漏問題，所以在 Activity/Fragment 的 onDestory() 中需要停止 AsyncTask，否則會產生以下幾個問題。

■ AsyncTask 的實現類別常常是 Activity 或 Fragment 的內部成員類別，其隱性地保留了指向使用者介面 UI 的相關參考。因此在 Activity 或 Fragment 被銷毀後，若 AsyncTask 仍然在後端執行，則會阻礙 UI 物件的記憶體回收，直到 AsyncTask 執行完畢或中止。解決辦法是用 static 的 inner class 修飾 AsyncTask，在成員變數中持有 Activity 或 Fragment 的 weakreference[11]。

■ 在執行到 onPostExecute 方法時，更新介面已經沒有意義了，而且在 onPostExecute 方法中如果不做有效性檢查，直接存取屬於原 Activity 或 Fragment 的視窗控制項，則會造成存取異常，進而導致當機。如果處理不好該問題，則在自建的執行緒中也會出現相同的問題。所以要特別留意工作執行緒與介面執行緒之間的協作處理。

（2）cancel 可能無法真正中止。我們一般在 Activity 生命週期 onDestory 回呼時把未執行完的執行緒中止或取消，AsyncTask 的 cancel() 在正常情況下是可以被中止的，但存在一種異常：如果使用者轉動螢幕導致 Activity 被重新建立，則直接取消 AsyncTask 會導致部分工作白做。

從原始程式可知，取消函數 cancel(boolean) 做的事情如下。

---

11 weakreference：弱參考，若一個物件僅僅被弱參考指向，而沒有任何其他強參考指向，就容易被系統回收。

- 將 AsyncTask.mCancelled 設定為 true。
- 呼叫 FutureTask.cancel()，最後會呼叫 Thread.interrupt()。

如果在 AsyncTask 的 doInBackGround() 中未對 isCancelled 和 interrupted 做檢查並主動退出，則後端任務不會真正中止執行，所以需要在 doInBackground 函數中檢查到這兩個標示位才能實現真正的執行緒終止。

2.10.3 執行緒池

http-thread 網路執行緒池就是我們常用的 HTTP 網路請求執行緒池。

提到網路執行緒池，我們一般會聯想到 ThreadPoolExecutor 和 Executors。如果需要用到執行緒池，則不推薦透過 Executors 建立，而是透過 ThreadPoolExecutor 建立，這樣可以在寫資料時更明確執行緒池的執行規則，避開資源耗盡的風險。

Executors 傳回的執行緒池物件的弊端如下。

- FixedThreadPool 或 SingleThreadPool：允許的請求佇列長度為 Integer. MAX_VALUE，可能會堆積大量的請求，進一步導致 OOM。
- CachedThreadPool 或 ScheduledThreadPool：允許建立的執行緒數量為 Integer.MAX_VALUE，可能會建立大量的執行緒，進一步導致 OOM。

依據裝置 CPU 核心資料建立執行緒池的程式如下：

```
Int NUMBER_OF_CORES = Runtime.getRuntime().availableProcessors();
intKEEP_ALIVE_TIME = 1;
TimeUnitKEEP_ALIVE_TIME_UNIT = TimeUnit.SECONDS;


BlockingQueue<Runnable> taskQueue = new LinkedBlockingQueue<Runnable>(10);


ExecutorService executorService = new ThreadPoolExecutor(NUMBER_OF_CORES,
```

```
NUMBER_OF_CORES*2,
KEEP_ALIVE_TIME,
KEEP_ALIVE_TIME_UNIT,
taskQueue,
new BackgroundThreadFactory(),
new DefaultRejectedExecutionHandler());
```

以上就完成了 SDK 內執行緒技術的選型和實作。

支付後端技術實戰

支付後端也叫作支付雲端,指的是部署在私有雲或公有雲主機上的支付後端服務應用和資料儲存單元,是支付前端的有力支撐,為支付收銀台、用戶端、SDK 和前端系統提供業務服務、資料儲存管理、資料驗證、安全傳輸、帳戶管理和安全驗證、資金和通道管理、訊息發送和分發、支付業務流程、風控等相關服務。

本章主要說明支付收銀台後端系統的相關業務流程、技術選型和技術實現,最後以一個商戶的角色來連線支付後端服務 API。

3.1 業務架構

支付平台實際上是一個非常複雜的軟體系統,在建置支付平台前,需要對其業務架構進行整理,以降低支付平台的複雜度。

如圖 3-1 所示是支付平台的一種常見的業務架構,由產品層、核心業務層、資料支撐層、技術支撐層組成。

圖 3-1

3.1.1 產品層

產品層主要針對線上和線下使用者,其中的使用者包含 C 端使用者、商戶、金融機構等。

針對 C 端使用者的產品有收銀台產品及其他產品。其中,收銀台產品對第三方支付平台來說最為重要。

■ 收銀台產品涵蓋了線上、線下各收銀台業務的表現形式,其中:線上收銀台業務的表現形式包含快速支付、錢包 App、支付閘道等;線下收銀台業務的表現形式包含 POS 機刷卡支付、各家金融機構推出的閃付卡支付等;線上、線下相結合的收銀台業務的表現形式包含二維碼(線上動態二維碼及線下收錢碼）支付及金融卡線上支付（信用卡、EPOS 和借記卡支付），以及線下支付（金融卡、二維碼、POS 機收單）等。

- 其他產品主要指支付業務有關的衍生產品，例如針對普通消費者的小額信貸產品（支付寶的花唄、借唄）、日常生活中的代收代付產品（支付寶、微信中的水電費代收和 ETC 自動充值等）、基金理財產品（支付寶的餘額寶）及保險產品（支付寶的互相寶）等。這些產品的入口一般都是第三方支付機構的錢包 App 或融合支付頁面。

目前，第三方支付機構對接了大量的第三方商戶，由支付平台和商戶共同提供給使用者服務，其中有關對商戶資訊、帳戶、商品和服務的日常營運和管理、資金清結算、開放平台管理，以及對商品和服務的行銷、推廣等。

針對金融機構的產品主要有關對支付衍生產品的管理和平台監管。金融機構是一種特殊使用者，有關央行或其他商業銀行、金融小貸公司、商業銀行、基金或保險公司等，他們透過第三方支付機構的金融物理系統入口可以進行反洗錢、監管及營運巡視，也可以管理、發售自己的金融產品和服務，例如：基金公司管理自己的基金理財產品，更新產品的發售週期與收益情況。

3.1.2 核心業務層

核心業務層無疑是整個支付平台架構中最有核心價值的一部分，主要關注支付規則的制定、支付業務流程的實現及支付業務需求有關的產品設計，為產品層提供支付業務支撐。核心業務系統按業務範圍來劃分，可以分為使用者帳戶系統、支付核心系統、安全風控系統、通道管理系統及營運管理系統。

（1）使用者帳戶系統：帳戶對支付和金融機構來說，是一項最基礎、最重要的服務，有了帳戶才有資金和資料的歸屬。所以，每個支付平台都有自

己的使用者、帳戶、帳務系統，用於記錄各個使用者、商戶、機構的基礎
資訊、帳戶（務）資訊、虛擬資金資料、個人信用評分等。注意：這裡說
的資金實際上只是虛擬帳戶的資金記錄資訊，並非實際的資金，實際的資
金被儲存在第三方支付平台在央行開立的備付金帳戶上面。與使用者相關
的信用資料等可能來自第三方權威評級機構。

（2）支付核心系統：負責整個支付交易業務流程的實現，推動整個支付交
易過程中使用者端與支付平台之間的雙向資金與資訊流動，同時負責交易
後的帳務核對、核算及資金管理和劃撥。

（3）營運管理系統：負責支付平台的日常營運管理，例如商戶開戶、資料
輸入與審核、使用者額度管理、行銷活動管理及報表等。

（4）安全風控系統：負責整個支付平台的安全保障，例如行動端收銀台的
終端安全、使用者資金的帳戶安全、各個銀行通道資料通訊的通道安全、
使用者信用支付金額的額度授權授信，以及反洗錢和反詐騙等。

（5）通道管理系統：負責銀行、基金、小貸、第三方等支付和金融機構
的交易通道管理，例如金融機構交易通道與支付核心（交易引擎）之間的
API 管理、可用性監測、通道切換、協定轉換與封包管理等。

3.1.3 資料支撐層

在支付平台中，資料為根基，資金處理為輔助，所有基礎服務和基礎設施
的工作都是圍繞著支付相關資料展開的，其中有關的資料和工具有資料資
產、即時計算平台、離線計算平台、機器學習和人工智慧，以及資料庫。

（1）資料資產：在支付平台中，使用者及商戶的帳戶資料、交易資料、支
付習慣資料等都是有價值的資料資產，資料資產是支付平台最重要的一部
分。

（2）即時、離線計算平台：主要應用於支付平台中的智慧化行銷、風控、營運等子系統中，為支付平台提供巨量、精準、即時、多維度的資料服務，進一步加速支付業務的發展。

（3）機器學習和人工智慧：主要應用於風控子系統中，以適應使用者支付環境多樣化下的風險識別，並廣泛應用於使用者消費習慣畫像、智慧行銷、產品推薦及通道路由等方面。

（4）資料庫：是支付平台的基礎技術之一。針對巨量的資料怎樣進行資料的收集、組織和安全儲存，都是資料庫技術要解決的問題。例如：在支付訂單平行處理量比較大的時候，需要實現水平擴充，這時應該採用中心資料庫還是分散式資料庫？還是基於單一資料庫表和索引進行設計？

3.1.4 技術支撐層

支付平台的所有子系統都是以整個技術支撐層來建置為基礎的，其中包含巨量資料技術、安全技術、行動終端技術、微服務技術、監控服務技術、中介軟體技術、資料採擷技術及訊息通訊技術等，這些技術共同組成了支付平台。

（1）巨量資料技術：主要應用於支付平台的風控子系統和經營分析子系統中。在風控子系統中用於將使用者的消費習慣、信用等級、裝置、常用支付時間段和付款地點等資料組成一個更為實際、具體的人物誌，進一步作為使用者身份識別和支付風控決策的依據。如果沒有巨量資料技術的支撐，則這些資料會成為零散的、豪無意義的資訊孤島，無法支撐業務決策。

（2）安全技術：安全是支付業務發展的首要目標，支付平台負責使用者的資金流流轉，其重要性不言而喻，安全技術用於對資料從收集、通訊、儲存、核算、展示到使用都進行全鏈路地保護。

（3）行動終端技術：主要用於將支付業務從 POS 機和 PC 領域延伸至行動網際網路領域，加速支付業務的發展和應用。

（4）微服務技術：微服務技術其實是後端服務技術的一種發展和進步，能將服務應用拆分成一個個相對獨立的單元，使得服務的責任更加清晰，分工更加明確，服務能力也能水平擴充。

（5）監控服務技術：主要用於對支付業務的服務進行可用性、回應時間和效能監測，方便營運和技術人員即時調整策略，提供給使用者更流暢的支付體驗。

（6）中介軟體技術：中介軟體屬於可重複使用軟體的範圍，提供作業系統軟體與應用服務之間的基礎軟體。

（7）資料採擷技術：用於從支付平台大量的支付資料中尋找規律，為整個平台和營運提供資料支撐和決策。

（8）訊息通訊技術：用於在支付平台各個子系統與其他金融機構之間架設資料溝通的橋樑。

3.2 支付系統技術堆疊探秘

技術堆疊是為了實現某個業務系統而採用的一系列子系統、技術架構、元件、方法、工具及設定的集合，其中的各個部分並不是孤立存在的，而是互相關聯和有機整合的。

如圖 3-2 所示是實現整個支付業務系統的常用技術堆疊。

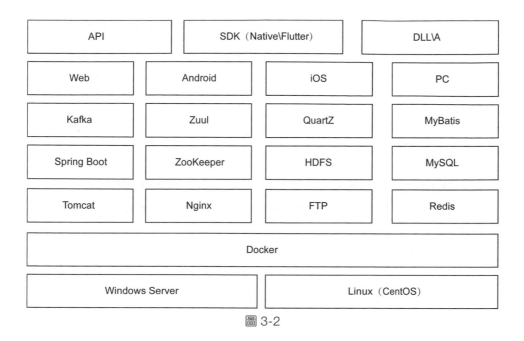

圖 3-2

下面從下往上介紹如圖 3-2 所示技術堆疊中各個方塊圖中的內容。

3.2.1 作業系統層

如圖 3-2 所示，作業系統層是整個支付技術堆疊的基礎，市場上的主流伺服器作業系統是 Linux 和 Windows。

（1）Linux 是目前線上伺服器中被廣泛使用的作業系統，有很多分支版本，目前大部分基於 Debian（Ubuntu）與 Red Hat 這兩大類 Linux 作業系統。Red Hat 是付費作業系統，我們可以免費使用，但是如果要使用 Red Hat 的軟體來源並想得到技術支援，就需要付費。所以從另一個層面來講，我們可以將 Red Hat 了解為 Linux 中的 Windows，不過它也有開放原始碼和免費使用的版本。CentOS 是 Red Hat 的開放原始碼作業系統版本，是由 Red Hat Enterprise Linux 依照 GPL 開放原始碼協定發佈的原始程式編譯而成的，由於出自同樣的原始程式，因此有些要求高穩定性、高預測性、高管理性、高擴充性的伺服器以 CentOS 代替商業版的 Red Hat Enterprise Linux 進行使用。一般在 Red Hat 更新之後，CentOS 會把原始程式中含有 Red Hat 專利的部分去掉，同時去掉的有其他伺服器設定工具，在重新將原始程式編譯之後就形成了 CentOS 作業系統，目前最新的 CentOS 版本為 8.1 版本。

（2）在 Windows 中，可作為伺服器的常見版本有 Server 2003 SP2、Server 2008 R2、Server 2019，這些作業系統又被分為 32 位元和 64 位元。32 位元系統相比 64 位元系統的最主要表現為對記憶體的大小限制，其中 32 位元僅支援 4GB 記憶體，一般在做技術選型和採購時都會推薦採用 64 位元的作業系統作為伺服器版本。亞馬遜、阿里雲等伺服器提供商也提供了大量的 Windows 版本的伺服器。Windows 較 Linux 來講有更加簡單、安全、高效而且好用。

3.2.2 虛擬層

虛擬層用於在 Linux 或 Windows 作業系統上提供一個額外的作業系統和軟體抽象層的自動管理機制給上層應用程式使用，還用於解決環境設定問題及運算資源的動態擴充問題，在支付系統中提供了各個微服務核心架構的執行基礎。

Docker 是一個開放原始碼的虛擬化軟體專案，提供了可伸縮的容器應用管理功能，讓應用程式的部署操作類似在集裝貨櫃下裝貨物一樣簡單，還能包裝應用程式及其虛擬容器，在任意 Linux、Windows 伺服器上執行依賴性工具，這有助加強應用部署的靈活性和便攜性，這樣一來應用程式就可以在任意地方執行，無論是在公用雲、私有雲還是在單機上，等等。

儘管 Docker 擁有上面提到的種種優點，但是對有檔案讀寫、執行效能、網路、資料恢復或安全性等諸多要求的資料庫管理系統來說，一般不建議在 Docker 上部署。

3.2.3 Web 服務層

Web 服務層主要提供 Web 服務和業務應用，也稱之為 Web 伺服。Web 服務層回應來自對端的服務請求並進行處理，提供保障安全機制的網際網路計算服務。下面對如圖 3-2 所示的 4 個 Web 伺服器說明。

（1）Tomcat。Tomcat 是 Apache 軟體基金會下的開放原始碼 Servlet（服務端程式）容器，實現了對 Servlet 和 JavaServer Page（JSP）的支援，並提供了 Web 伺服器的一些特有功能，例如 Tomcat 管理和控制平台、安全管理和 Tomcat 閥[1] 等。Tomcat 執行在 Java 虛擬機器（JVM）之上，管理 Servlet 程式的生命週期並將 URL 對映到指定的 Servlet 進行處理，與 Servlet 程式合作處理 IITTP 請求，根據 HTTP 請求產生 HttpServletResponse 物件並傳遞給 Servlet 處理，將 Servlet 中的 HttpServletResponse 物件產生的內容傳回給用戶端或瀏覽器。Tomcat是目前 Java 伺服器中應用最為廣泛的動態 Web 伺服器。

（2）Nginx。Nginx 是一個採用了非同步架構的網頁伺服器，通常用作反向代理、負載平衡器和 HTTP 快取，是免費的開放原始碼軟體，根據類別 BSD 授權的條款發佈。現在有一大部分伺服器都採用了 Nginx 作為負載平衡器。類似的軟體有 Robbin 和 Spring Cloud，也能造成負載平衡作用，只不過 Nginx 更適用於在服務端實現網路請求的負載平衡，例如 Tomcat 和

1　Tomcat 閥：即 Value，是 Tomcat 軟體的專有元件。顧名思義，它有如一道閥門，在資料流程流過它的管線時進行過濾和處理。

Jetty 伺服器。Robbin適用於透過 RPC 遠端呼叫實現本機服務負載平衡，Spring Cloud 採用的就是本機服務負載平衡。

這裡只選擇 Nginx 作為負載平衡器説明。

Tomcat 和 Nginx 通常被混合使用，來實現動靜態資源分離：運用 Nginx 的反向代理功能分發請求，所有動態請求則被提交給 Tomcat 伺服器，靜態資源請求如圖片、CSS、JS、ZIP、PDF 及其他檔案等則直接由 Nginx 傳回到瀏覽器，這樣能大幅減輕 Tomcat 的壓力。

在支付系統中也使用 Nginx 實現負載平衡，當業務壓力增大時，可能一個 Tomcat 實例不足以處理，這時就可以啟動多個 Tomcat 實例進行動態擴充，而 Nginx 的負載平衡功能可以把請求透過服務分配演算法分發到各個不同的 Tomcat 實例進行相關支付業務的處理。

（3）FTP（File Transfer Protocol Server，FTP 伺服器）。FTP 是依照 FTP 在網際網路上提供檔案儲存和存取服務的服務終端。在 Linux 中推薦將 vsftpd 作為 FTP 伺服器。vsftpd 是一個開放原始碼的 FTP 伺服器，相當成熟、可靠。在支付系統中使用 FTP 伺服器儲存對帳檔案，以及提供給商戶對帳檔案，商戶自行使用支付系統的 FTP 帳號和密碼登入，定期（一般是日終[2]）取得對帳檔案。支付系統對 FTP 有讀寫許可權，商戶只有讀許可權。

3.2.4 資料儲存層

資料儲存層主要用於建立、使用和維護、管理支付相關資料，除此之外維護著資料之間的關係，保障連結資料之間的邏輯關係正確和完整（資料一致性）、儲存系統和資料使用者之間的一致性（儲存一致性）、儲存在資料

2　日終：指的是銀行系統每天下班前的時段。

庫中的所有數值均為正確的狀態（資料完整性），並提供安全環境不讓資料洩露和安全儲存（資料安全性）。

下面對資料儲存層的 MySQL、Redis、HDFS、MongoDB 等儲存元件分別說明，這四種資料儲存選型在支付系統的各個不同模組均有用到。

（1）MySQL。MySQL 是一個開放原始碼的關聯式資料庫管理系統，目前已成為 Oracle 旗下的產品，現在依然維護有社區版本，並由於其高性能、低成本和高可用性，成為最流行的開放原始碼資料庫之一，被應用於更多的大規模網站和應用，例如維基百科、Google 和 Facebook 等。目前非常流行的開放原始碼軟體組合 LAMP 中的 "M" 指的就是 MySQL，當然，還有相當一部分公司採用 Oracle 和 Microsoft SQL Server。Oracle 是目前為止最成熟的商用資料庫，在金融支付企業佔有相當大的比例。與 MySQL 資料庫相比，Oracle 資料庫能提供完整的客戶和售後服務支援，並有更大型的商業應用成功案例，如 TOYOTA。目前，第三方支付機構的支付系統相關管理子系統和帳務系統採用 MySQL 作為資料庫，主要儲存關聯資料，例如通道管理資料、商戶及應用基礎資料、帳戶資料及帳務相關資料。

（2）Redis。Redis 是一個開放原始碼的以鍵值對為基礎的高性能儲存系統，支援主從複製（Master-Slave Replication），並且有非常快速的非阻塞優先同步（Non-Blockingfirst Synchronization）和網路中斷自動重連等功能，以及簡單的 check-and-set 機制、pub/sub 和設定等，使 Redis 表現得更像網路記憶體快取（Cache）系統，並且絕大多數主流程式語言都能連線和使用 Redis 用戶端。Redis 在整個支付系統裡面主要被用作內部快取模組，同時被用作服務應用間的訊息佇列和任務佇列。

（3）HDFS。HDFS（Hadoop Distributed File System）是 Hadoop 的分散式檔案系統，和現有的分散式檔案系統有很多共同點，但區別也很明顯：它是一個具有高度容錯性的系統，適合被部署在廉價機器上，除了具有高度容錯性，HDFS 還能提供一個高傳輸量的資料存取，非常適合在大規模資料集上應用。HDFS 在支付系統裡面主要負責離線資料的儲存計算，以及利用本身的資料儲存和歸集運算功能與 Spark 系統一起完成支付經營巨量資料的分析功能。例如：歷史訂單資料和交易記錄檔資料都有非常大的資料量，大部分是 GB 甚至 TB 等級，HDFS 可以非常好地支援這些巨量資料檔案。

（4）MongoDB。MongoDB 是一個以分散式檔案儲存為基礎的資料庫，由 C++ 撰寫而成，旨在為支付的 Web 應用提供可擴充的高性能資料儲存解決方案，是一個介於關聯式資料庫和非關聯式資料庫之間的產品，是非關聯式資料庫中功能最豐富、最像關聯式資料庫的。但目前 MongoDB 不支援交易，無法支援交易相關的資料，由於索引和搜尋最佳化得非常好，所以主要用於資料檢索或資訊儲存。

支付系統通常採用 MongoDB 與 MySQL 保障儲存服務的高可用性和強一致性；後端營運系統則採用 MongoDB 應對後端的大資料量查詢及多樣化報表查詢的需求，MongoDB 同時具備良好的擴充性，支援對巨量支付歷史訂單資料的儲存和檢索。

3.2.5 服務端技術

服務端技術主要是支付業務流程邏輯實現的基礎，其主要技術選型如下。

（1）Spring Boot。Spring Boot 是由 Pivotal 團隊提供的全新 Spring 架構，是支付後端微服務架構的基礎，其設計初衷是簡化舊版本 Spring 應用的初始架設、設定及開發過程。與 Spring 之前版本的架構相比，Spring Boot 使用了特定的方式進行設定，使開發人員不再需要定義煩瑣、樣板化的設定檔，與此同時，Spring Boot 整合了很多優秀架構，不用我們自己手寫 XML 設定檔再進行設定，這大幅提升了 Web 應用和微服務的開發效率。

（2）Log4J。Log4J 是 Apache 下的非常流行的開放原始碼記錄檔元件，具備高性能記錄檔記錄和安全傳輸的功能，並且支援非同步輸出記錄檔到不同的終端。我們可以使用 Log4J 將應用執行的記錄檔資訊輸送到目的地，例如主控台、檔案、GUI 元件，甚至 Socket 埠伺服器、NT 的事件記錄器、UNIX Syslog 守護處理程序等（用另一個記錄檔元件 Logback 也是相當不錯的選擇）。

在整個支付系統中，記錄檔元件是非常重要的基礎模組，主要用於定位和解決以下問題。

- 追蹤、記錄支付系統執行記錄檔。
- 每當出現異常時，都可以根據記錄檔操作記錄還原異常出現時的操作步驟。
- 記錄異常堆疊資訊，判斷問題出現的位置。
- 記錄各個操作員之間的系統操作記錄。

（3）Logback。Logback 是 Log4J 的升級版本，具有對開發者更人性化、實現更快、成熟度更高、效能更優等特點。新版本的支付系統對記錄檔元件的選型多採用 Logback 代替 Log4J 元件。

（4）Kafka。Kafka 是 Apache 下的開放原始碼資料流處理平台，由 Scala 和 Java 撰寫而成，是一種高傳輸量的分散式發佈 / 訂閱訊息系統，可以處理使用者在網站和應用中的所有動作流資料，例如：支付收銀台介面的一些動作（不同支付方式的網頁瀏覽、點擊、搜尋和其他使用者的動作）。利用 Kafka 可以在將這些使用者的資料流程處理之後，透過經營分析系統形成資料報表和波動監控警告，分析使用者在收銀台上的社會行為，並幫助產品經理進行資料分析。它除了用於即時記錄檔分析，還被當作分散式資料流程系統，被諸如 New Relic（資料智慧平台）、Uber、Square（行動支付公司）等大型公司用來建置可擴充的、高傳輸量的、高可靠的即時資料流系統。Kafka 在支付系統裡面主要用於支付行為、支付訂單相關的訊息傳遞與消費，同時作為支付系統中經營分析子系統的即時分析和監控模組。

（5）ZooKeeper。ZooKeeper 是一種分散式應用程式之間的開放原始碼協調服務，是 Google 的 Chubby（一個針對鬆散耦合的分散式系統的鎖服務）的開放原始碼實現，同時是 Hadoop 和 HBase 系統的重要元件。它是一個為分散式應用提供一致性服務的軟體，提供的功能包含：設定維護、域名服務、分散式同步、組服務等。它的目標就是封裝複雜、易出錯的關鍵服務，將有簡單好用的介面和效能高效、功能穩定的系統提供給使用者。ZooKeeper 在支付系統裡面主要用於建置支付會員和帳戶的註冊中心，進行不同伺服器的支付記錄檔和營運分析資料的協調，以及主備支付伺服器間的流量控制和工作協作。

（6）MyBatis。MyBatis 是優秀的開放原始碼持久層架構，支援訂製化 SQL、儲存及進階對映。MyBatis 省去了幾乎所有 JDBC 程式，省去了手動設定參數及取得結果集的工作量，可以使用簡單的 XML 或註釋來設定和對映原生資訊，將介面和 Java 的 POJOs（Plain Ordinary Java Objects，普通的 Java 物件）對映成資料庫中的記錄。在支付系統裡面，MySQL、MongoDB 資料連接及交易控制都是由 MyBatis 資料元件提供的。

（7）QuartZ。QuartZ 是一個完全由 Java 撰寫的開放原始碼作業排程架構，為在 Java 應用程式中進行日程作業排程提供了簡單而強大的機制，實現了作業和觸發器的多對多關係，還能把多個作業與不同的觸發器連結。在支付系統裡面，QuartZ 主要用於作業排程、定時處理對帳清算和定時通知商戶應用等。

（8）Zuul。Zuul 是在雲端平台上提供動態路由、監控、彈性、安全等邊緣服務的架構，相當於裝置、Web 網站和流應用後端所有請求的前門。用戶端若想請求到服務，則首先得請求 Zuul 閘道，然後由 Zuul 閘道將請求路由分發到對應的真實服務介面。在支付系統裡面，Zuul 主要用於透過設定路由規則進行支付通道服務路由、微服務啟動和收銀台頁面流量分發。

3.2.6 終端層

終端層存在的意義在於觸達終端使用者，也是使用者體驗最直接的一層，觸達方式有 PC、Web 網站、行動裝置、POS 機和專業裝置等，在 PC 時代用得最多的就是 Web 網站和瀏覽器，瀏覽器採用 HTML 頁面繪製引擎將支付系統展現出來。在行動網際網路時代，作業系統基本由 Android 和 iOS 二分天下。

目前，在支付系統中一般採用原生的 Java、Kotlin 或 Objective-C 包裝成 SDK 或錢包應用給使用者使用，也有一部分採用 HTML5 或其他 WAP 技術提供行動支付收銀台頁面給使用者使用。

以下主要簡單介紹終端層的 Weex、Flutter 和桌面動態函數庫 DLL 技術，其中 API 是支付服務端提供的介面服務。

（1）Weex。Weex 致力於使開發者以通用跨平台為基礎的 Web 開發語言和開發經驗，來建置 Android、iOS 和 Web 等三方共同應用。簡單來説，在整合了 WeexSDK 之後，我們可以使用 JavaScript 開發行動支付應用，對於商業產品設計來講，無論在哪種裝置終端上都能有統一的支付使用者體驗。Weex 繪製引擎與 DSL 語法層是分開的，並不強依賴任何特定的前端架構，目前 Vue.js 和 Rax 這兩個前端架構被廣泛應用於 Weex 頁面開發，同時 Weex 對這兩個前端架構都提供了完整的支援。Weex 的另一個主要目標是跟進流行的 Web 開發技術，將其與原生開發技術結合，實現開發效率和執行效能的高度統一，使開發一個 Weex 頁面就像開發普通網頁一樣；在執行時期，Weex 頁面充分利用了各種作業系統的原生元件能力。

（2）Flutter。Flutter 是 Google 開放原始碼的行動 UI 架構，可以與現有的程式一起工作，快速在 iOS 和 Android 上建置高品質的原生使用者介面。Flutter 正在被全世界越來越多的開發者和組織者所使用，並且是完全免費、開放原始碼的，也是建置 Google Fuchsia 應用的主要方式。Flutter 元件採用現代響應式架構建置，這是從 React 中獲得的靈感，其中心思維是用元件（Widget）建置 UI。該元件描述了在指定其目前設定和狀態時顯示的樣子。當元件狀態改變時，元件會重構它的描述（Description），Flutter 會比較之前的描述，確定底層繪製樹從目前狀態轉換到下一狀態所需要的最小更改。目前，阿里巴巴的鹹魚 App 和京東 App 都在使用 Flutter 技術，在現有裝置的使用者體驗上感受不到與原生應用有什麼不同。

（3）API。通常指 Web API 或 RESTful API，是一些預先定義的公共函數和銜接部分的約定。這樣做的好處在於，外部系統無須存取內部原始程式或了解內部的業務流程和工作機制等細節，直接透過呼叫 API 就可以存取內部系統提供的功能（例如：對於下單 API，商戶系統應用程式開發人員在拿到這個 API 之後，不需要了解和實現內部收銀台、交易引擎、風控系統相關的業務流程和邏輯實現）。

（4）DLL/.A。DLL 指 Windows 上的動態連結程式庫（Dynamic Link Library），.A 指靜態程式庫（Static Library）。DLL（在 Linux 上為 .so 檔案）包含多個功能模組的內部程式和資料，主要出現在 PC 端的商業應用產品中，一般為 Windows 桌面應用程式和 Linux 應用程式。目前該類型的對外提供方式較少，所以市場上較為少見。

3.3 支付後端業務介紹

本節主要介紹為收銀台提供服務介面和資料的支付後端，並說明支付後端的概念、作用、業務流程及相連結的子系統。

在說明支付後端相關技術的實現之前，我們需要先整理一下支付後端的執行流程、實現方案，然後介紹與之連結的交易系統、中國網聯、收付款行、帳務系統、通道管理與路由系統、風控系統等，並說明各個系統之間的呼叫關係和協作時序。

如圖 3-3 所示的收單流程時序圖就直觀地刻畫出了支付時在各個系統之間傳遞訊息和資料的流程。

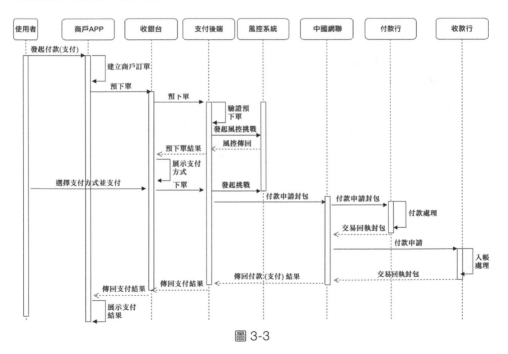

圖 3-3

透過圖 3-3，我們可以了解到使用者在產生支付意願及確認支付時，收銀台、支付後端與其他系統之間的關係和流程，如下所述。

（1）使用者在商戶 App 中選擇商品，並點擊購物車介面的「去支付」（結算）按鈕，這時會觸發這個流程。

（2）商戶 App 首先會按自己的訂單規則建立一筆訂單，然後將訂單、商戶的相關資訊傳遞給第三方支付機構或融合支付廠商的收銀台和支付後端進行預下單請求。

（3）支付後端在收到這個預下單請求之後，對商戶資格進行驗證（授權驗證的過程），並將商戶資訊和帳戶裝置資訊發送到風控系統進行驗證（啟動風控挑戰）。

（4）在風控挑戰通過之後，在支付後端產生了一筆訂單資訊，此時預下單過程已經完畢，傳回給收銀台支付方式和可用通道，展示支付介面（例如支付寶、京東支付、金融卡或微信支付）。

（5）使用者在收銀台提供的訂單詳情（包含支付方式）介面選擇對應的支付方式，這時後端系統收到了來自收銀台或商戶 App 的請求。

（6）商戶系統將支付資料傳遞到第三方支付機構的交易引擎（此過程叫收單），交易引擎對訂單中的應收和應付事宜進行處理，然後對中國網聯發起付（收）款指令。

（7）中國網聯透過指令對付款行帳戶啟動付款流程，收款行同時收到相關款項，在操作成功後，交易引擎產生相關單據資訊。

（8）交易引擎在操作完成之後將結果傳回給支付後端，支付後端將資料發送到收銀台介面作為支付結果進行展示，同時非同步通知商戶伺服器修改支付訂單狀態。

（9）這時使用者就可以看到收銀台頁面的支付結果資訊。

其實這個過程是非常複雜的，從點擊「去支付」按鈕開始，在後面可能要經過幾十、上百個後端服務介面，這裡只描述一下大致流程，在後面的章節中會詳細說明在這些子系統中有什麼業務流程和大致的實現方案。

3.4 支付後端的服務類型

收銀台是整個支付系統的交易業務的前置，是離終端使用者最近的支付互動入口，之前的章節已經介紹過收銀台 SDK、前端展示和支付互動的流程，這裡主要介紹與之對應的支付後端的服務。支付後端的服務主要負責與收銀台前端配合，同時與商戶服務端進行通知互動和配合，提供給使用者支付驗證、結果及週邊的服務。

支付後端一般提供以下服務。

3.4.1 收單服務

通俗地來講，收單服務就是幫助收銀台完成使用者支付功能，將使用者的錢（資金）結算給商戶或第三方支付機構帳戶。

該服務通常對應的是支付訂單收單（下單）API（提供的類型包含行動終端 SDK、手機網頁及 PC 介面），首先主要透過此介面傳入商戶相關訂單參數、使用者帳號資訊、商戶資訊等，透過此服務將完成對支付訂單參數和商戶授權資料的驗證；之後完成裝置資訊、使用者資訊等風控基礎資料的收集和驗證；最後，查詢支付通道及優先順序排序並喚起支付頁面，使用者在支付確認頁面選擇對應的支付方式並確認結算，這時將產生使用者資金的變動，支付後端會接收到交易引擎傳過來的支付結果，最後通知商戶或收銀台為使用者展示最後的支付結果。

如圖 3-4 所示為收單業務流程圖。

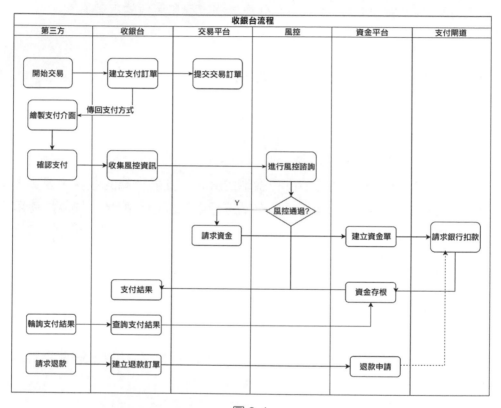

圖 3-4

在收單業務流程中還包含風控資訊收集、交易訂單提交、訂單參數驗證、支付通道取得和路由、支付資料結果拼裝、商戶系統通知等服務。

在收單服務完成之後，會在訂單資料中記錄商戶提交的訂單資料，並產生對應的下單編號與商戶編號。

3.4.2 訂單參數驗證

在進件的過程中，商戶會提供自己所經營業務的一些資料、安全憑證和檔案資料，以入駐第三方支付機構或商業銀行（以後稱上游），上游在審核完這些內容後，會給商戶分配對應的標識、上游資料公開金鑰、加密方式及資料編碼格式。

在商戶系統提交下單資訊時，支付後端會對商戶提交的訂單參數進行驗證，最先驗證的是資料編碼格式，一般會採用約定的 UTF-8 編碼或 GBK 編碼格式，否則解析出來的訂單可能會出現亂碼或格式錯誤，然後對必要的欄位進行檢查，主要是缺失檢查、順序檢查、特殊字元檢查和資料格式檢查，如下所述。

（1）缺失檢查。指對應的欄位是否有按約定的開發者指南文件填充好，例如商戶標識、資料簽名欄位、商戶訂單號及訂單金額等資料資訊。例如：商戶標識 merchant_id 的欄位如果為空、寫錯或大小寫不標準，支付後端的服務就會判斷對應的參數非法，傳回對應的錯誤訊息。

（2）順序檢查。指支付後端的服務會檢查商戶或收銀台傳入的參數，是否有按欄位的字首進行昇冪或降冪排列，這種方式一般常見於 GET 方法的 Web 支付後端介面或收銀台頁面，這除了提升了尋找效能，還方便了人工查驗。例如：訂單編號 order_id 和商戶標識 merchant_id 如果按訂單欄位昇冪，商戶標識欄位就會出現在訂單編號欄位的前面，降冪則反之。

（3）特殊字元檢查。指在訂單資料中不能包含 HTTP 特殊欄位（？、&、＝等）、分行符號、空格及其他第三方商戶系統誤加的字元，並且在自訂的附加欄位中不能包含上游通道的保留欄位，例如：biz_content 的 JSON 資料不能包含商戶標識 merchant_id 這樣的欄位，因為這樣容易使服務端產生問題。

（4）資料格式檢查。指對訂單資料中的資料格式進行檢查，例如：金額的資料格式由阿拉伯數字和 "." 字元組成，為中文或其他字元時非法，對中文一般採用 UrlEncode 處理。

在對以上檢查類型項都檢查完畢之後，後面就要對資料的合法性和風控資料進行檢查了，其中主要是對資料簽名進行計算和核對，確保資料沒有被篡改，通常的做法是採用非對稱加密演算法（RSA 演算法簽名和簽章驗證資料）。

資料驗證和簽章驗證 [3] 的方法有兩種：使用 RSA 還是 RSA2 簽章驗證（SHA256WithRSA 演算法，支付寶最高安全等級的加密驗證方案），這是依據商戶自己在進件或請求時使用的金鑰格式是 RSA 還是 RSA2 來確定的。

支付後端的服務使用商戶進件時儲存在上游內的金鑰資料對（平台的公開金鑰資料和商戶的私密金鑰資料）目前訂單資料進行簽名，這種非對稱驗證方式只能使用對應格式的商戶公開金鑰來簽章驗證，否則簽章驗證失敗。

3.4.3 風控資訊收集

風控資訊收集指支付後端為風控系統收集相關裝置、環境、帳戶及使用者行為等類型的基礎資料，為後續的安全可信支付打下堅實的基礎。風控系統要求擷取的資料很全面並且很實際，這樣才能判斷準確。

風控資料收集從帳戶登入開始，始終貫穿著整個帳號登入、下單、支付流程。

3　簽章驗證：是 RSA 非對稱加密演算法裡面的一種說法，主要在取得資料和公開金鑰時進行驗證，如果驗證出資料與訊息本身不符合，則代表驗簽失敗。

典型的應用場景有帳號（帳戶）登入、驗證碼驗證和填寫、忘記密碼、修改密碼、下單、支付、傳回交易資料並驗證及使用者通訊方式改變（丟手機、解綁手機）等。

收集的資料包含以下幾種。

（1）帳戶資料。一般是第三方支付機構的會員帳戶資料、金融卡（網銀）帳戶資料及具有一定信用價值的商戶會員資料，風控系統可以根據帳戶相關資料判斷是否被禁止交易、目前的信用等級和以往的安全交易狀況，來決定是否對該帳戶做「限止」（停用全部或部分功能及解除風控時間，一般是由於產生了不良信用記錄或惡意行為）或限定（限制支付方式和支付金額）交易。

（2）裝置資料。一般是使用裝置的固有資訊（MAC 位址、裝置入網 IP 位址、裝置指紋等）。例如：MAC 位址可以被用作風控計算中的存取控制和風險識別點，如果交易出現在非原通用的裝置 MAC 位址，風控系統就可以採用驗證碼或手機簡訊下行的方式來輔助驗證交易使用者的真實性和合法性。

（3）環境資料。這裡主要指支付所在的裝置和網路環境，例如網路環境（IP 位址、常用 WiFi 熱點）和交易時間資料。風控系統在執行過程中會透過查詢 IP 資料庫，識別目前交易的 IP 位址所在的大致地理位置，並依據以往歷史交易地理位置做出是否為風險交易的判斷，同時驗證訂單是否來自高風險地區，然後可以透過下發驗證碼確認交易者身份是否合法及安全，還可以透過 IP 位址判斷其入網情況，例如國內 IP、國際 IP、VPN 代理的 IP 位址及來自高風險地區的 IP 位址。其他環境資料和用法將在第 6 章詳細說明。

（4）使用者行為資料。使用者行為資料包含登入場景、下單場景、交易流水、存取記錄、頻繁操作次數等，基於這些使用者行為資料，風控系統可以增強人物誌,例如:一個使用者在相對短的一段時間內頻繁進行帳戶的登入和登出,並且超過普通使用者的統計基準值,這時風控系統就有理由對此帳戶登入做出風控規則判斷,並在一段時間內停用此帳戶。

這些資料都會透過風控系統的場景計算模型(包含線上即時風控模型和離線風控兩個常用的模型)由風控系統做出決策。例如:支付前的風險識別、支付方式限定、支付配額控制和信用等級降級支付等。

3.4.4 交易單提交

在對商戶訂單進行參數驗證和風控系統決策之後,我們需要將訂單提交給交易引擎,由交易引擎對資金流操作,這時的訂單有了另一個名稱,叫作交易單(或交易訂單)。這個提交交易單的業務流程看似簡單,但它並不僅是一個請求提交和持久化的流程,其難度主要表現在訂單防重複方面。

訂單防重複的常見場景:網路情況比較差,顧客沒有即時支付金額或支付後端的服務未即時傳回支付狀態,而使用者又重新點擊了「提交結算」按鈕,這時收銀台介面會顯示「支付進行中,請不要重複提交訂單」,這就是訂單防重複功能造成的作用。

訂單重複在本質上分兩種情況:第 1 種,存在兩次支付結算提交;第 2 種,在支付時中斷通訊網路,使支付狀態通知不合格,造成前置的商戶系統仍處於支付狀態。針對這兩種情況需要採用不同的解決方案。

針對第 1 種情況,解決方案是對商戶的訂單編號進行約束,即在對接第三方支付系統時,商戶的業務系統在每次呼叫支付請求時都必須產生不同的商戶訂單編號,這就要求對「訂單支付」按鈕上面的訂單編號產生做對應的修改和增強,每次點擊「結算」按鈕都產生不同的商戶訂單編號。第三方支付系統對同一個商戶訂單號會做出異常處理和提示,這種方案在商戶開發者指南或服務端介面文件中就要與商戶約定一致，以確保第三方支付機構後端產生的編號與商戶訂單編號一一對應。

這其中有關兩種訂單編號，如下所述。

- 商戶訂單編號：指由商戶系統發起並由商戶自訂的訂單號編號。在透過收銀台 SDK 或呼叫第三方支付系統介面而發起支付結算請求時需要攜帶這個參數，商戶系統中的編號需要確保在整個系統裡面具有唯一性，一筆消費訂單對應一個商戶訂單編號。

- 支付訂單編號：指在商戶系統向第三方支付系統發起支付請求後，支付平台驗證訂單參數合法後由支付系統本身的後端系統產生的訂單系統的唯一標識，用於記錄一筆支付訂單資訊。這時第三支付系統與商戶業務系統的訂單編號形成一一對應的關係，同時與交易引擎產生的交易編號形成一一對應的關係。

針對第 2 種情況，支付後端一般採用非同步通知補償機制來解決這種問題，透過採用定時輪詢的方式掃描訂單系統中處於支付狀態的訂單，並主動輪詢商戶服務端介面，將訂單資訊和結果發送給商戶伺服器，一旦收到商戶伺服器對訂單結果的回饋，就將訂單支付狀態更新為「終態」，進行關單操作，這樣一來就完成了對支付訂單狀態的補償。但這種補償不是一直持續下去的，第三方支付機構的訂單系統一般會制定一個由緊到疏的時間切片輪詢策略，例如：最初 10 秒、30 秒、1 分鐘、5 分鐘，…，24 小時，…，48 小時，並在超過策略規定的時間及輪詢次數後將支付訂單狀態更新為「故障」狀態，第三方支付機構的訂單狀態查詢介面可供商戶系統自己完成支付訂單狀態的資料查詢，以及本身業務邏輯的更新，例如：訂單狀態未完成但資金已發生扣款的情況下，在帳務核對階段就需要告知第三方支付系統的核算人員做差異和補償處理。

3.4.5 支付通道取得與路由

前面講過，融合收銀台一般會為了使用者支付的便利性和交易成功率，與多家支付通道（第三方支付機構、中國銀聯、商業銀行等）簽署合作協定，以加強支付的成功率和利潤（各家支付通道的分成比例和手續不一樣），進一步降低交易失敗的風險。

在預下單（簽約）過程中，商戶應用提交商戶訂單資料給支付後端，支付後端對商戶訂單資料進行參數驗證、風控，之後再將商戶訂單資料提交給交易引擎，這個過程就叫作預下單。最後需要經過支付通道管理模組，給商戶應用傳回最佳、最合適的支付通道。如果收銀台前端採用了融合支付 SDK 或 Web 收銀台展示方式，則在收銀台介面顯示推薦和可用的支付通道。

如果商戶系統直接對接支付 API 的方案，則將推薦和可用的支付通道資料發給商戶應用，由商戶系統自行處理支付方式繪製介面和使用者互動流程。這時，商戶開發者需要遵循相關支付通道商的通道商標和名稱標準。

在支付通道路由傳回排序的支付方式給本身收銀台和商戶支付方式選擇介面之後，使用者會選擇合適和常用的支付方式確認支付。支付通道路由指支付系統提供給使用者智慧的支付方式（交易）路徑選擇，並啟動使用者完成資金結算。

支付通道路由的規則一般受以下因素的影響。

（1）使用者自主選擇。在設計支付通道路由時，支付系統會把使用者常用的支付方式或歷史支付方式放在優先的位置，並且各大型第三方支付機構都會支援使用者自訂支付通道和方式並進行排序，這遵循了客戶第一和尊重客戶選擇的基本準則。

（2）使用者體驗好。除了讓使用者自主選擇，融合支付廠商和第三方支付機構還會選擇使用者體驗較好的、較流暢的支付通道作為推薦支付通道來使用，使用者體驗好也會表現在支付流程短、操作簡單方面，在整個支援方式排序計算中也會佔一定的權重。

（3）風控和資金受限。融合支付廠商和第三方支付機構對風控的限定會影響對支付通道的選擇和路由，例如：高風險交易可能會選擇隱藏一些信用類別支付方式，或增加一些輔助驗證身份的支付方式，在單筆訂單金額較多、使用者資金不足且風控允許的情況下，支付系統會推薦一些信用卡或信用支付方式供使用者選擇。

（4）成本優先。在做支付通道路由時，把成本和利潤放在較重要的位置，是一個商業公司無可厚非的原則，可以按照資金費率成本最低、分成比例最高、最方便市場營運的支付方式來設定路由業務邏輯。

（5）穩定性和成功率。一個支付通道不能經常存在服務不可用、丟單或掉單等不穩定情況，支付系統也會分析和監測，所以在支付通道設計上面一般會選擇交易成功率最高的支付通道來做推薦。

3.4.6 通知服務

這裡說的通知服務指支付交易結果通知。在支付完成之後，交易引擎會把資金處理的結果給到支付後端，由支付後端將相關支付結果、訂單資訊和使用者資訊發送給自己的收銀台或商戶服務端，商戶服務端或應用接收到第三方支付機構的支付系統通知資料之後，需要將其進行欄位拆分、驗證、加密處理，並給 SDK 或支付後端 API 傳回對應的回覆結果。

商戶服務端在收到支付後端的通知並處理後，會回饋給支付後端，如果支付後端收到（未收到）的來自商戶服務端的回饋是不成功（資料驗證失敗、資料不完整）或網路逾時，則支付後端認為通知商戶失敗，後續將透過一定的策略（定期重發機制）重新通知商戶服務端，盡可能加強通知的成功率，但支付後端不保證通知最後能成功。

支付後端一般會制定一個由緊到疏的時間切片輪詢策略，例如：最初 10 秒、30 秒、1 分鐘、5 分鐘，…，24 小時，…，48 小時，並在超過約定的時間（一般約定最長訂單時限 24 小時或 48 小時）及輪詢次數後將支付交易訂單更新為「通知故障」狀態，同時提供支付訂單狀態查詢 API 供商戶系統完成本身商戶訂單狀態的狀態和業務邏輯更新。這就是定期重發機制。

但是商戶服務端會有多種因素導致這種交易結果通知延遲或失敗，常見的因素主要有網路不通暢、域名解析失敗不可用、商戶應用平台系統伺服器當機、商戶服務端或支付後端存在 Bug、通知服務故障等。

同樣的交易結果通知會被盡可能多次發送給商戶服務端，在這種情況下就需要商戶服務端有正確處理重複的交易訂單結果通知的能力。

推薦的做法是（商戶服務端）在收到交易結果通知之後，首先驗證資料的來源是否可信，驗證其是否被篡改（查核提交訂單時的附加資訊、支付訂單金額、JSON 資料結構和最長訂單時限等），例如：支付寶平台會提供一個驗證公開金鑰，可以使用驗證公開金鑰對資料進行驗證，並檢查業務資料對應的格式和 HTTPS 狀態，然後從業務層面判斷此交易結果通知是否被處理。如果沒被處理，則再進行處理；如果已處理，則直接傳回支付成功的結果。

> **注意**：在對交易結果通知資料進行狀態檢查和處理時需要嚴格控制請求平行處理（例如使用資料鎖定），以免業務和資料處理函數重入（重複進入，指有相同的記錄或資料）造成資料出錯。

3.4.7 退款服務

在已支付成功的訂單中，使用者因商戶產品品質不合格或不滿足需求等原因需要退貨退款（退款發生時，使用者在商戶平台信用系統中的信用支付額度一般會有某種程度的下降），在這種情況下，只要使用者與商戶達成退貨退款協定，就需要呼叫支付系統的退款 API 進入退款流程。

退款資金一般沿原路退回，例如：收銀機構（銀行）和付款機構（銀行）交換，原訂單若採用了工商金融卡進行支付，則會退款到工商金融卡中。

退款在支付系統裡面也是有時限的，一筆成功的訂單預設的退款期限是 3 個月，同時會提供時限（一般為簽約）介面進行設定。

退款業務流程如圖 3-5 所示。

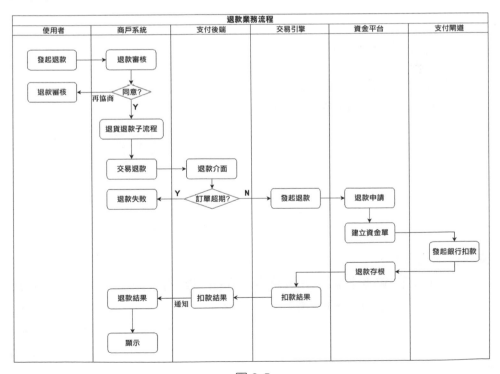

圖 3-5

3.4.8 查詢服務

當有一筆訂單結果未通知到商戶服務端時，商戶服務端可以主動去支付後端進行訂單詳情查詢並進行業務補充，呼叫的是訂單查詢介面（也叫作查詢介面）。

查詢介面通常分為以下兩種。

（1）查詢支付狀態，透過介面查詢某筆交易的狀態，狀態如下：

- 交易建立，等待使用者付款完成；
- 使用者未付款，交易逾時關閉；
- 支付完成後全額退款；
- 交易支付成功；
- 交易結束，不可退款。

（2）查詢退款訂單的進度狀態，狀態如下：

- 退款申請中，通常訂單還在支付通道的退款申請和退款審核流程中；
- 退款中，提交給支付通道（銀行或其他資金機構處理）；
- 退款完成。

3.5 支付後端的技術方案及技術實現

支付後端的服務主要以 API（或 REST API）方式提供給商戶開發者，與包裝好的 SDK 和 Web 收銀台等帶有自己介面的業務不同，主要提供請求介面和回應傳回資料，不包含第三方支付機構的任何介面，這樣可以使支付模組與商戶系統的介面結合得更加緊密，使用者體驗則保持得更加一致。

針對商戶應用程式開發者除了有通常的伺服器端 API 方案，還有更方便的伺服器端 SDK 方案，SDK 方案一般支援多服務端開發程式語言，例如 C++、C#、Java、PHP 等。

支付後端的服務一般採用開發效率較高的 Java 開發，接下來詳細介紹一個支付後端的 Java 實現方案。

3.5.1 Spring Boot 簡介及微服務架設實戰

Spring Boot 是 Java 企業版（Java Enterprise Edition，J2EE）的輕量級開放原始碼架構，是提供支付微服務的基礎架構，它有很多特性如依賴植入、針對切面程式設計等，為企業級 Java 開發提供了一種相對簡單且輕量的解決方案。

提起 Spring 的設定（採用 XML 設定檔），從事過 Spring 早期版本（2.5 及之前版本）應用研發的開發者都非常困擾：設定項目非常多，而且設定非常複雜。Spring 在 2.5 之後的版本中引用了以註釋為基礎的元件掃描功能，消除了針對應用程式本身元件的大量顯性 XML 檔案設定，但仍然不夠徹底。除此之外，Spring 專案的元件依賴管理也很麻煩，在應用架設過程中需要分析依賴哪些版本、哪些函數庫，一旦選錯了依賴的版本，隨之而來的不相容性就會導致嚴重的穩定性和相容性問題。

1. 為什麼要採用 Spring Boot

微服務是未來企業級應用研發的新趨勢，目前已經有許多專案從傳統企業應用架構轉向了微服務架構，因為微服務可以使不同的團隊專注於更小範圍的工作職責，使用獨立的技術更安全、更頻繁地部署。

Spring Boot 是微服務的基礎架構，優點如下。

（1）Spring Boot 繼承了 Spring 架構的優良基因。Spring Boot 是伴隨著 Spring 4.0 而生的，可幫助開發者快速架設 Spring 架構。並且，Spring Boot 繼承了 Spring 優秀的設計、程式基因，使得應用程式開發人員在 Spring Boot 中更為便捷地開發，也使得原本使用 Spring 架構的軟體研發人員快速切換到新的架構中。

（2）簡化了程式和設定。Spring 架構的各種 XML、Java 註釋（Annotation）設定讓人眼花繚亂，設定多且複雜，在設定時需要非常耐心和細心，如果某個設定項目出錯，則很難找出真正的原因。

Spring Boot 的設定極少，對於僅剩的設定內容主要採用 Java Config 進行設定。舉個實例，新增一個服務元件類別，其主要功能是錄製支付流程線索資訊類別，但是這裡不用 @Service 註釋，也就是說，它是個普通的支付流程錄製服務類別：

```
/**
 * 錄製支付流程線索資訊類別
 */
publicclass RecordFlowService {
    public IRecorder create() {
        IRecorder iRecord = new NormalRecord();
        iRecord.start(Normal);
        iRecord.setListener(this);
        return iRecord;
    }
}
```

在 Spring Boot 程式實現中如何使用一個 Bean 讓容器器去管理呢？只需 @Configuration 和 @Bean 兩個註釋即可，如下所示：

```
import org.springframework.context.annotation.Bean;
import org.springframework.context.annotation.Configuration;
```

```
/**
 * 錄製支付流程執行緒資訊類別
 */
@Configuration
publicclass RecordFlowService {

@Bean(name='record_start')
    public IRecorder create() {
        IRecorder iRecord = new NormalRecord();
        iRecord.start(Normal);
        iRecord.setListener(this);
        return iRecord;
    }
}
```

> **注意**：@Configuration 註釋表示這種是個設定類別，@Bean 註釋表示可以傳回一個 Bean 實例給業務程式直接使用，@Resource 註釋可以按名稱或屬性進行植入，十分簡便。

（3）監控方便。在支付系統開發過程中，以監控為先的思維始終貫穿專案從設計、開發到運行維護的整個生命週期，在研測過程中可以引用 spring-boot-start-actuator 模組依賴，直接使用其模組中的 REST API 方式取得目前處理程序的運行期效能參數，進一步達到營運和線上監控的目的。但是，Spring Boot 只是一個微服務架構，並沒有提供對應的服務發現與註冊的搭配功能，沒有週邊的監控整合方案，也沒有週邊的安全管理方案，所以在微服務架構中還需要與 Spring Cloud、XFlush 等週邊系統配合使用。

2. 使用 Spring Boot 架設支付後端微服務

下面使用 Spring Boot 架設支付後端微服務，同時為收銀台 Web 應用和支付 SDK 提供 REST API。

首先，存取 Spring Boot 官網，下載和建立 Maven 應用（開發工具可以選擇 Eclipse、IDEA、Maven），如圖 3-6 所示。

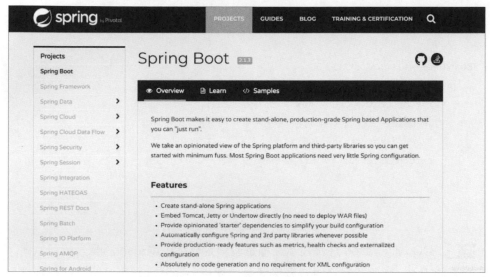

圖 3-6

其次，引用 Spring Boot 架構，只需在依賴設定檔 pom.xml[4] 中引用 Spring Boot 父容器並增加 Web 開發所需要的對應依賴即可：

```xml
<?xml version="1.0"encoding="UTF-8"?>
<project xmlns:xsi="http://www.w3.org/2001/XMLSchema-instance"
xmlns="http://maven.apache.org/POM/4.0.0"
xsi:schemaLocation="http://maven.apache.org/POM/4.0.0
        http://maven.apache.org/xsd/maven-4.0.0.xsd">

<modelVersion>4.0.0</modelVersion>
<groupId>com.fastpay.service</groupId>
<artifactId>order-service</artifactId>
```

4　pom.xml：是 Maven 進行工作的主要設定檔。

```xml
<version>0.0.1-SNAPSHOT</version>
<name>order-service</name>
<description>Order Service project for Spring Boot</description>

<!-- 指定 JDK 版本為 1.8-->
<properties>
<java.version>1.8</java.version>
</properties>

<!-- 引用 Spring Boot 父容器 -->
<parent>
<groupId>org.springframework.boot</groupId>
<artifactId>spring-boot-starter-parent</artifactId>
<version>2.1.3.RELEASE</version>
<relativePath />
<!--lookup parent from repository-->
</parent>

<!-- 增加 Web 開發能力 -->
<dependencies>
    <dependency>
        <groupId>net.sf.json-lib</groupId>
    <artifactId>json-lib</artifactId>
        <version>2.4</version>
    </dependency>
    <dependency>
        <groupId>org.springframework.boot</groupId>
        <artifactId>spring-boot-starter</artifactId>
    </dependency>
<!-- spring-boot- 監控 -->
<dependency>
        <groupId>org.springframework.boot</groupId>
        <artifactId>spring-boot-starter-actuator</artifactId>
</dependency>
    <dependency>
```

```
        <groupId>org.springframework.boot</groupId>
        <artifactId>spring-boot-starter-web</artifactId>
    </dependency>
</dependencies>
</project>
```

然後,建立所需的包結構,通常是一些 MVC 套件結構(例如 Bean、Controller、View、Dao 等套件名稱)。

建立 Spring Boot 的啟動類別(也就是 main 方法,原型為 public static void main(String[] args))。

Spring Boot 啟動類別(依賴註釋方式)的掃描機制是掃描其同套件中或同套件下所有子套件中的 Java 檔案。

Spring Boot 的啟動類別如下:

```
package com.fastpay.order.service;

import org.springframework.boot.SpringApplication;
import org.springframework.boot.autoconfigure.SpringBootApplication;

// 啟動類別註釋
@SpringBootApplication
publicclass OrderServiceApplication {

    publicstaticvoid main(String[] args) {
    // 透過內部的類別載入機制對位元組碼檔案進行載入
    SpringApplication.run(OrderServiceApplication.class, args);
    }
}
```

對 Spring Boot 微服務進行設定,通常有以下兩種檔案格式:

■ 在 properties 檔案中加上相關設定項目;

- 在 yaml 檔案中進行設定，是 Spring Boot 官方推薦的設定方式。而且 IDEA 開發工具的編輯介面和相關提示較為人性化，Eclipse 也有相關的 yaml 外掛程式。

Application.yaml 位於 src → resources 目錄下，以下設定檔目前僅對通訊埠進行了設定：

```
server:
  port: 8090
```

在 IDE 中直接點擊「執行」按鈕，如果啟動成功，則可以透過 8090 通訊埠在瀏覽器中造訪到我們的 Spring Boot 網站（http://localhost:8090）。

Spring Boot 的成功啟動介面如圖 3-7 所示。

Whitelabel Error Page

This application has no explicit mapping for /error, so you are seeing this as a fallback.

Wed Apr 03 19:06:21 CST 2019
There was an unexpected error (type=Not Found, status=404).
No message available

圖 3-7

此時距離應用架設已成功了一半，接下來將繼續定義相關內容。

建立實體類別（這裡以訂單實例為例），訂單實體類別如下：

```
package com.fastpay.order.service.bean;

/**
 * 訂單實體類別
 *
 * @author fastpay 2020-02-01
 */
```

```
public class Order {
    private String uuid;
    private String orderId;
    private String subscriptionId;
    private String paymentToken;

    private Order() {
    }

    public void uuid(String uuid) {
        this.uuid = uuid;
    }

    public void orderId(String orderId) {
    this.orderId = orderId;
    }

    public void subscriptionId(String subscriptionId) {
    this.subscriptionId = subscriptionId;
    }

    public void paymentToken(String paymentToken) {
    this.paymentToken = paymentToken;
    }

    public static Order create() {
        Return new Order();
    }

    public Order build() {
        Order queryRequest = new Order();

        queryRequest.setUuid(uuid);
        queryRequest.setOrderId(orderId);
```

```
        queryRequest.setSubscriptionId(subscriptionId);
        queryRequest.setPaymentToken(paymentToken);
        return queryRequest;
    }
}
```

然後寫服務層程式。這裡建立 OrderService 類別，並且使用靜態程式區塊
建立一些 mock 資料：

```
package com.fastpay.order.service.service;

import org.springframework.stereotype.Service;
import java.util.HashMap;
import java.util.Map;
import java.util.UUID;

// 加上 Service 註釋，說明該類別是 Service 層的容器
@Service
public class OrderService {

private static final Map<Integer, Order>map = new HashMap<>();

public OrderService(){
        Order order = new Order();
        order.uuid(clientId);
        order.orderId(UUID.randomUUID().toString());
        map.put(0,order);
    }
    // 為 Controller 層提供查詢資料的方法
    public OrderqueryOrderById(int id) {
        return map.get(id);
    }
}
```

然後架設 Controller 層程式，這裡建立 OrderController 類別：

```
package com.fastpay.order.service.controller;

import org.springframework.beans.factory.annotation.Autowired;
import org.springframework.web.bind.annotation.GetMapping;
import org.springframework.web.bind.annotation.PathVariable;
import org.springframework.web.bind.annotation.RestController;

@RestController
publicclass OrderController {

@Autowired
    private OrderService orderService;

    @GetMapping("/order/{order_id}")
    public Order getOrder(@PathVariable("order_id") int order_id) {
        return orderService.queryOrderById(order_id);
    }
}
```

下面對在上述程式片段中用到的註釋説明。

- @RestController：該註釋實質上是 Controller 和 ResponseBody 註釋的結合，提供 JSON 格式的資料，例如：透過 Content-Type 欄位約定字元集等。

- @Autowired：我們需要將 Service 層的實例植入 Controller 層，方便呼叫 Service 層的方法，Autowired 是 Spring 官方提供的。

- @GetMapping("")： 等 於（@RequestMapping(value= "", method= RequestMethod.GET)），其中對請求方式做了相關約定。

- @PathVariable：用於取得路徑中的值，例如 "/order/1"，則 order_id 為 1，其中對參數的順序及名稱做了約定。

重新執行（點擊 IDE 上面的 Run 按鈕）我們的 Spring Boot 啟動類別，開啟瀏覽器對介面的 URL 位址進行存取，就可以看到我們查詢的 order 訂單的 JSON 資料了。

3.5.2 設計資料

MySQL 是一種開放原始碼的關聯式資料庫管理系統（RDBMS），我們可以在 GPL（General Public License）的授權合約下下載並根據需要對其功能或特性進行修改。MySQL 因為其速度、可用性和適應性而備受關注，大型網際網路公司幾乎都在使用 MySQL 作為自己的資料庫。下面也使用 MySQL 作為我們的應用的資料庫。

因為這裡特別注意支付後端的資料庫設計，所以首先說明資料庫邏輯設計的領域模型。我們通常在設計過程中將領域模型分為 4 大類：VO、DO、PO、DTO。

- VO（View Object）：視圖物件，用於展示層，它的作用是把某個指定介面（或元件）的所有資料都封裝起來。
- DO（Domain Object）：領域物件，就是從現實世界中抽象出來的有形或無形的邏輯實體。
- PO（Persistent Object）：持久化物件，它跟資料庫持久化（通常是關聯式資料庫）的資料結構形成一一對應的對映關係，如果持久層是關聯式資料庫，那麼資料表中的每個欄位（或許多個）都對應 PO 的（或許多個）屬性。
- DTO（Data Transfer Object）：資料傳輸物件，其概念來自 J2EE 的設計模式，原來是為 EJB 的分散式應用提供粗粒度的資料實體，以減少分散式呼叫的次數，進一步加強分散式呼叫的效能和降低網路負載。

我們經常會使用領域模型的英文簡寫來命名我們的套件名稱或設計名稱，各種資料實體類別（VO、DO、PO、DTO）用於不同業務層次之間的互動，並會在資料的流向之間相互轉化，例如 VO → DTO 和 DTO → VO。

圖 3-8 展示了資料庫層與頁面邏輯層的相互轉化流程。

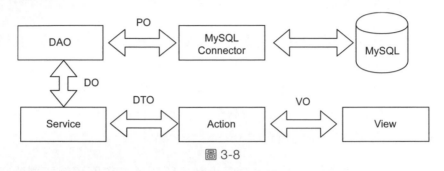

圖 3-8

除此之外還有以下幾種。

- DAO（Data Access Object）：資料存取物件，是一個物件導向的資料庫介面。
- POJO（Plain Ordinary Java Object）：指簡單的無規則 Java 物件，為傳統意義上的 Java 物件，沒有增加別的屬性和方法，只有屬性欄位和 getter 或 setter 方法。
- BO（Business Object）：指業務物件，為封裝業務邏輯的 Java 物件，透過呼叫 DAO 並結合 PO、VO 進行業務流程操作。

3.5.3 連接資料

MyBatis 是一款優秀的開放原始碼持久層架構，前身是 iBatis，由 Apache 軟體基金會下的開放原始碼專案演進而來，支援訂製化 SQL 敘述、儲存、視圖及資料結構的進階對映。我們透過 MyBatis 可省略幾乎所有的 JDBC 程式，不用手動設定參數及取得結果集，可以使用簡單的 XML 或註釋來

設定和對映原生類型、介面，也可以設定 Java 的 POJO（Plain Old Java
Objects，普通老式 Java 物件）為資料庫中的實體。

下面基於微服務架設 MyBatis 與 MySQL 資料庫的連接關係，依賴設定檔
pom.xml 如下：

```xml
<!-- MyBatis Spring Boot 外掛程式 -->
<dependency>
<groupId>org.mybatis.spring.boot</groupId>
<artifactId>mybatis-spring-boot-starter</artifactId>
<version>1.3.2</version>
</dependency>
<!-- MySQL 資料庫連接 -->
<dependency>
<groupId>mysql</groupId>
<artifactId>mysql-connector-java</artifactId>
<scope>runtime</scope>
</dependency>

<!—阿里巴巴開放原始碼的 Druid 資料庫連接池 -->
<dependency>
<groupId>com.alibaba</groupId>
<artifactId>druid-spring-boot-starter</artifactId>
<version>1.1.9</version>
</dependency>
```

在使用 MyBatis 時，資料庫的連接一般都會使用第三方的資料來源元件，
例如 C3P0、DBCP 和 Druid 等，目前採用的是阿里巴巴開放原始碼的
Druid 資料庫連接池。其實 MyBatis 也有自己的資料來源元件可以連接資
料庫，還有連接池的功能，這裡就不一一贅述了。

在使用連接池的過程中會有關連接池中的最大連接數和最大空閒數，對在
處理程序執行過程中取得連接和將連接返還連接池都有邏輯判斷，如下所
述。

- 取得連接：首先從資料庫連接池中取得對應的物件，如果在連接池中沒有空閒的連接，則判斷目前的活躍連接數是否已達允許的最大值。如果已達最大值，則阻塞，否則可以建立新的連接，之後把它放到活躍的連接集合中使用。
- 將連接傳回連接池：在傳回連接時進行判斷，如果空閒的連接數已達允許的最大值，則直接關閉真正的資料庫連接，否則把該連接放入空閒的連接集合中供下次使用。

然後對 Application.yaml 檔案進行設定：

```
server:
  port: 8090

spring:
  datasource:
      username: fastpay
      password: fastpay1234
      url: jdbc:mysql://localhost:3306/fastpay?useUnicode=
true&characterEncoding=utf-8&useSSL=true&serverTimezone=UTC
      driver-class-name: com.mysql.jdbc.Driver
      # 使用 Druid 資料來源
      type: com.alibaba.druid.pool.DruidDataSource
      # 初始化連接池大小，最小空閒、最大可用
      initialSize: 1
      minIdle: 3
      maxActive: 20
      # 設定取得連接等待逾時的時間
      maxWait: 60000
      # 設定間隔多久才進行一次檢測，檢測需要關閉的空閒連接，單位是毫秒
      timeBetweenEvictionRunsMillis: 30000
      # 設定一個連接在池中的最小存活時間，單位是毫秒
      minEvictableIdleTimeMillis: 30000
      validationQuery: select 'x'
```

```
      testWhileIdle: true
      testOnBorrow: false
      testOnReturn: false
      # 開啟 Cache，並且指定每個連接上 PSCache 的大小
      poolPreparedStatements: true
      maxPoolPreparedStatementPerConnectionSize: 20


mybatis:
      mapper-locations: classpath:mapping/*-Mapper.xml


# 顯示 SQL 敘述
logging:
  level:
    com:
      fastpay:
       order:
          mapper : debug
```

先建置一個連接池（Druid）：

```
package com.fastpay.order.service.config;

import javax.sql.DataSource;
import org.springframework.boot.context.properties.ConfigurationProperties;
import org.springframework.context.annotation.Bean;
import org.springframework.context.annotation.Configuration;
import org.springframework.context.annotation.Primary;
import com.alibaba.druid.pool.DruidDataSource;

@Configuration
publicclass DruidDataSourceConfiguration {

@Bean
@Primary
@ConfigurationProperties(prefix = "spring.datasource")
```

```
    public DataSource druidDataSource() {
        DruidDataSource druidDataSource = new DruidDataSource();
        return druidDataSource;
    }
}
```

這裡用到 4 種註釋，如下所述。

- @Configuration：使用設定註釋，表示這個類別是設定檔，相當於 Spring 設定檔中的 <beans/> 標籤，裡面可以設定 bean，但被 @Configuration 註釋描述的類別不可以是 final 類型，也不可以是匿名類別。值得注意的一點是，如果使用巢狀結構的 @Configuration 註釋的類別，則一定要宣告其為靜態類別。
- @Bean：表示產生實體（執行時期將反射呼叫一個無參數的類別建構函數）一個物件，並且將其實例加入 Spring Boot 容器中，也相當於 Spring 設定檔中的 <bean/> 標籤，可以在 Spring 容器中植入一個 Bean 物件。
- @Primary：表示要告訴 Spring Boot 在多個設定實例（如果有多個滿足條件的 Bean）中需要做出選擇時優先選擇哪一個實際的實現類別。
- @ConfigurationProperties：註釋，其中 prefix 指定設定檔裡的字首，屬性名稱對應設定檔中的設定名字首。

接著建置 Mapper 對映關係，通常建置對映關係有兩種方案：透過 Mapper 檔案建置；透過註釋建置。

1. 透過 Mapper 檔案建置

Mapper 檔案屬於 PO（持久化物件）相關的內容，是一個 MyBatis 元件的 XML 描述檔案，我們可以透過這個描述檔案了解到資料庫的欄位資訊，主要有關以下幾個標籤。

同時，XML 檔案路徑被設定在 SpringBootApplication 註釋下，代表啟動時
會掃描套件名稱並通配下面的類別：

```
@SpringBootApplication
@MapperScan("com.fastpay.order.mapper.*.*")
publicclass OrderServiceApplication {
    publicstaticvoid main(String[] args) {
            SpringApplication.run(OrderServiceApplication.class, args);
    }
}
```

1）ResultMap 標籤

在深入説明 ResultMap 標籤前，我們需要了解從 SQL 查詢結果集到
JavaBean 或 POJO 實體的過程。支付後端的應用透過 JDBC 查詢獲得
ResultSet 物件，以結果集的欄位名稱或欄位別名為鍵，以欄位值為值，根
據 ResultMap 標籤的 type 屬性透過反射產生實體領域模型：

```
<?xml version="1.0"encoding="UTF-8"?>
<resultMap id="orderMapper" type="com.fastpay.pojo.Order">
    <id property="id" column="orderid"/>
    <result property="uuid" column="uuid"/>
    <result property="subscriptionId" column="subscriptionId"/>
    <result property="paymentToken" column="paymentToken"/>
</resultMap>
```

orderMapper 被對映到 com.fastpay.pojo.Order 類別中。result 中的 property
和 column 分別指定實體類別屬性和資料表的列名稱，這就形成了一一對
應的關係。

2）Select 標籤

Select 標籤幫助我們從資料庫、JDBC 中讀取資料表，將其按 ResultMap 結
果集組裝成我們需要的 POJO 物件：

```
<select id="queryOrderById" parameterType="java.lang.Integer" resultMap=
"orderMapper">
    SELECT
    a.`id` AS orderId,
    a.`uuid` AS uuid,
    a.`subs_id` AS subscriptionId,
    a.`pay_token` AS paymentToken
    FROM
    `odps_order` AS a
<where>
    <if test="id != null">
    a.`id` = #{id}
    </if>
</where>
    ORDER BY
    a.paymentToken DESC
</select>
```

其中，Select 標籤使用了以下屬性。

- id：命名空間的唯一標識，可以透過此 id 來參考它，並且與 Mapper 的 namespace 組合成套件中唯一的標識，在標識不唯一的情況下，在編譯期間會顯示出錯。注意：id 對應介面檔案中的介面名稱。
- parameterType：參數類型，傳入 SQL 敘述的參數類型，可以是類型的完全限定名，也可以是自訂的 typeAliases 別名。
- resultMap：是對映集的參考，將執行強大的對映功能，我們可以使用 resultType 或 resultMap，但是透過 resultMap 可以自訂對映標準。

3）Insert 標籤

Insert 標籤幫助我們從資料庫、JDBC 中插入資料到資料表，在以下範例中新增了訂單記錄並傳回 OrderID 主鍵：

```
<insert id="insertOrder">
insert into tbl_order(id,uuid,subscriptionId,pay_token)
```

```
    values(
    #{orderid},
    #{uuid},
    #{subscriptionId},
    #{paymentToken}
    )
    <selectKey keyColumn="id" resultType="Long" keyProperty="id" order="AFTER">
        select last_insert_id()
    </selectKey>
</insert>
```

Insert 標籤同時支援陣列類型的參數，在支付場景中通常也會出現這種批次資料插入的問題。預設的參數名為 "list/array"，通常用於 foreach 中，可以進行批次插入或更新：

```
<insert id="saveOrderList">
 INSERT INTO tbl_order (id,uuid,subscriptionId,pay_token)
 VALUES
    <foreach collection="list" item="Order" separator=",">
    (#{Order.OrderId}, #{Order.uuid}, #{Order.subscriptionId}, #{Order.
paymentToken})
    </foreach>
</insert>
```

4）Update 標籤

Update 標籤幫助我們從資料庫、JDBC 中更新資料內容到資料表，下面是更新訂單記錄的範例：

```
<update id="updateOrder" parameterType="com.fastpay.order.service.bean.Order">
    update tbl_order
        <trim prefix="set" suffixOverrides=",">
        <if test="uuid != null">uuid=#{uuid},</if>
        <if test="subscriptionId != null">subscriptionId=#{subscriptionId},</if>
        <if test="paymentToken != null">pay_token=#{paymentToken},</if>
        </trim>
```

```
        where id=#{orderId}
</update>
```

> **注意**：將 Update 標籤中的 set 標籤換成 "<trim prefix="set"></tirm>"，
> "suffixOverrides=","" 的含義是去掉最後一個逗點。

5）Delete 標籤

Delete 標籤幫助我們從資料庫、JDBC 中刪除資料，在支付訂單中是禁止 Delete 敘述操作的，所有訂單都只能修改狀態，不能修改其他欄位的值或金額等資訊。以下只是一個範例：

```
<delete id="deleteOrderById">
    DELETE FROM tbl_order
    WHERE id = #{Orderid}
</delete>
```

以上 XML 描述可以對應 Java 介面：

```
// 傳回值 int 為刪除影響的行數
Public int deleteOrderById(@Param("Orderid") Long Orderid) throws
OrderException;
```

2. 透過註釋建置

MyBatis 也可以採用註釋來建置增刪改查 SQL 敘述，並支援各種類型的輸入參數，根據參數的類型可能需要增加 @Param 註釋指明參數名稱，否則將使用 MyBatis 指定的預設參數名稱（可以使用 JDK8 編譯中的保留參數名稱選項來避免註釋的增加）。

以註釋為基礎的方式更方便，閱讀性更強，並且不用設定 Mapper XML 檔案掃描路徑。雖然透過 XML 敘述可以把 SQL 敘述統一起來維護，但 XML 敘述寫起來費勁，在每次修改時都要進行二次搜尋，這裡更推薦採用註釋方式。

> **注意**：在註釋中寫 SQL 敘述時一定要細心，少一個逗點或少一個斜線都會顯示出錯，而且非常不容易找到實際原因。

實際說明如下。

@Select 註釋：

```
@Select("select * from tbl_order where id=#{Orderid}")
public OrderqueryOrderById(@Param("Orderid") Long Orderid);
```

@Insert 註釋，插入資料並傳回非自增主鍵：

```
@Insert({ "insert into tbl_order(id,uuid,subscriptionId,pay_token)"
    + "values(#{orderId},#{uuid},#{subscriptionId},#{PaymentToken})" })
    @SelectKey(statement = "select last_insert_id()",
    keyProperty = "id",
    resultType = Long.class,
    before = false
)
void insertOrder(Order order);
```

@Update 註釋：

```
@Update({ "update tbl_order set uuid=#{uuid},subscriptionId=#{subscriptionId},
pay_token=#{paymentToken}, where id = #{OrderId}" })
int updateOrder(Order order);
```

@Delete 註釋：

```
@Delete("delete from tbl_order where id = #{OrderId}")
int deleteOrderById(@Param("Orderid") Long Orderid);
```

MyBatis 同時支援本機交易和分散式事件，下面進行實際說明。

1. 本機交易

本機交易也叫作普通交易，基於 JDBC 或 MySQL 資料庫交易透過連線物件進行管理，只能保障同一個資料庫上的 ACID 特性。

- A 為原子性（Atomicity）：從交易開始宣告之後的所有操作，不是全部做完，就是全部不做，不可能停滯在中間環節。在交易執行出錯時，會回覆到交易開始前的狀態，所有操作就像沒有發生一樣，也就是說交易是一個不可分割的整體，就像我們在化學中學過的原子，是物質組成的基本單位。原子性也是維護資料完整性和一致性的重要方法之一。
- C 為一致性（Consistency）：在交易開始前和結束後，資料庫的完整性約束沒有被破壞。例如支付場景中的轉帳，甲向乙轉帳，不可能在甲的帳戶裡面扣了錢，乙卻沒收到。其實一致性也是原子性的一種表現。
- I 為隔離性（Isolation）：同一時間只允許一個交易請求同一資料，不同的交易之間彼此沒有任何干擾。例如：甲正在從一張金融卡中提款，在甲提款結束前，乙不能向這張金融卡轉帳。
- D 為持久性（Durability）：交易完成後，交易對資料庫的所有更新都將被儲存到資料庫中，不再回覆此次操作。

2. 分散式交易

在支付場景中經常有關多機房多個資料庫節點，MyBatis + Atomikos[5]+ JTA[6] 分散式交易可以跨越多個資料庫。例如：A 函數庫的 a 表和 B 函數庫的 b 表，在一個交易中，如果 B 函數庫的 b 表進行了回覆操作，則 A 函數庫的 a 表也需要進行回覆操作。

5　Atomikos：是一個為 Java 平台提供增值服務的開放原始碼事務管理員，可以將所有的事務交給 Atomikos 統一管理。

6　JTA：Java Transaction API，Java 事務程式設計介面。

3.5.4 設計資料表

在設計支付後端資料庫表之前首先要建立資料庫。

建立資料庫時一般使用 SQL 敘述 "create database"，也可以使用 MySQL 整合工具，需要關注的兩個點是對資料庫引擎的選擇和對資料庫編碼的選擇。

1）對資料庫引擎的選擇

對 MySQL 資料庫引擎的選擇是在安裝的參數中決定的，如果要增加一個新的引擎，就必須重新編譯和安裝 MySQL。在預設的設定情況下，MySQL 通常使用的三種資料庫引擎類型分別是 ISAM、MYISAM 和 HEAP。另外兩種類型是 INNODB 和 BERKLEY（BDB），在實際開發過程中很少遇到。

在支付系統中只會有關兩種引擎：InnoDB 引擎和 MyIASM 引擎。一般而言，交易訂單一資料庫都會選擇使用 InnoDB 引擎進行交易、行級鎖定等訂單狀態相關的常用操作；記錄檔表則推薦使用 MyIASM 引擎來支援快速插入和檢索功能。

2）對資料庫編碼的選擇

如果不對 MySQL 進行資料編碼設定，則在資料中帶有中文或其他國家文字時，資料呈現為亂碼，這對使用者和系統操作員來說很不人性化。所以在支付資料庫中推薦使用 UTF-8 或 GBK 編碼格式來支援中文和寬字元的顯示。

在建立完資料庫之後就要進行表設計，在設計之前應該充分了解支付業務，把握支付各個業務域對資料的需求，了解各個欄位和表之間一對一、一對多的對映關係；保障資料表每列的原子性（不可分解），資料行、列的名稱表達要清楚且高度概括欄位的含義：能用一個欄位表達清楚的，絕不使用第 2 個欄位；可以用兩個欄位表達清楚的，絕不使用 1 個欄位。

表及其欄位之間的關係應儘量滿足第三範式[7]。但是,滿足第三範式的資料庫設計常常不是最好的設計。一般情況下為了加強資料庫的執行效率,常常需要降低資料庫範式的設計標準,適當增加容錯,達到以空間換時間的目的。

例如:在訂單表內有商品單價和數量欄位,我們在設計時會加上一個「金額」欄位,這雖然違背了資料庫設計的第三範式,但查詢、統計速度能大幅提升,這就是空間換時間的做法。

1. 支付訂單表

在整個收銀台系統中,使用者使用商戶 App 下單之後再拉起第三方支付機構的收銀台介面進行支付,這時收銀台系統會建立支付訂單(儲存在支付訂單表中),支付成功之後進入交易履約流程,再將交易記錄到支付交易記錄表中(基本結構與支付訂單表一致,但多了一個交易編號欄位),且這兩個表中的資料需要保持高度一致。

此處的支付訂單表與商戶系統中的商品支付訂單表欄位基本類似,但概念不一樣,這個表的資料偏重於支付資訊,商戶系統中的商品支付訂單表欄位會更加豐富,內容更多,例如:速食企業費用明細的包裝費、服務費,支付方式的打折券、優惠券、折價券,利於核算和統計的賣家標識、門店標識等。

這裡僅描述第三方支付機構通常採用的核心欄位,這些欄位主要用於支付訂單下單和記錄支付訂單,如表 3-1 所示。

7　第三範式(Third Normal Form,3rd NF):指表中的所有資料元素不但要被主關鍵字唯一標識,還必須相互獨立,不存在其他函數關係。

表 3-1

序號	欄位	欄位含義	類型	備注
0	order_id	訂單編號	varchar(32)	時間戳記 + 機器號 + 自動增加序號 + 業務編號
1	sku_price	商品單價	decimal(8,2)	≥ 0
2	sku_amount	商品數量	int	>0
3	discount_fee	折扣金額	decimal(8,2)	≥ 0
4	confirm_fee	確認金額	decimal(8,2)	>0&& ≤ 1000w
5	actual_total_fee	實際支付總金額	decimal(8,2)	≥ 0&& ≤ 1000w
6	merchant_order_no	商戶訂單號	varchar(32)	商戶訂單編號
7	utc_create	訂單建立時間	timestamp	不能大於當天或小於日期 1947-01-01
8	pay_time	訂單支付時間	timestamp	不能大於當天或小於日期 1947-01-01
9	end_time	訂單結束時間	timestamp	不能大於當天或小於日期 1947-01-01
10	ext_info	擴充資訊	text	記錄商戶資訊
11	pay_status	支付狀態	timestamp	支付狀態

針對以上表中欄位的說明，商品單價、商品數量、折扣金額、確認金額都用於記錄金額，其中的確認金額為最後扣款金額。訂單建立時間為訂單到達伺服器資料庫的時間，預設值為 current_timestamp，訂單支付時間為完成銀行、第三方支付機構扣款的時間。擴充資訊一般為商戶的訂單擴充資訊，此資料會透過支付伺服器原樣通知給商戶伺服器，也可以作為商戶驗證訂單完成和對應自己建立的訂單的依據。

下面重點說明訂單編號（可以作為商戶訂單參考依據）及支付狀態。

訂單編號（order_id）規則應遵循通用的編號規則，但要注意訂單編號應該具有全域唯一性、正確性、穩定性、可讀性，同時與商戶訂單編號一一連結。所以也支援商戶透過自己的商戶訂單編號來查詢訂單狀態和資料。

如表 3-2 所示是一個分散式訂單編號規則。

表 3-2

位數	說明	備注
1~8	目前時間	格式：hhMMssSS
9~12	機器程式	伺服器程式
13~18	自動增加序號	表分區（按小分時區）
19~21	業務標識	

下面對表 3-2 中「說明」列的欄位進行詳細解釋。

- 目前時間：按時刻來計算，精確到毫秒等級（2 位）。
- 機器程式：支付系統為每個訂單伺服器節點都分配一個唯一的機器編號，在產生支付訂單編號時，會直接使用該機器編號作為支付訂單編號的一部分。
- 自動增加序號：id 會自動根據前一個 id 值加 1 進行自動增加填充（可以按業務量或在每日 0 點時歸零），從 0 開始基本可以統計表分區中目前機器處理的訂單數量。
- 業務標識：通常是第三方支付機構定義的業務程式，例如購買、支付、退款、預付、到付、免付等業務，各個支付機構的業務欄位都不一致。

支付狀態通常包含以下幾種狀態。

- 初始化：指訂單第一次到達伺服器的狀態。
- 待付款：已下單，使用者未付款。
- 主動取消：使用者主動取消訂單，未付款，關閉訂單。
- 已付款：訂單付款成功。
- 異常關閉：訂單異常關閉。
- 已關閉：訂單支付成功後退款。
- 已結束：訂單成功結束。
- 訂單成功：與已結束的區別是，在業務處理之後可以退款。

2. 支付記錄表

支付記錄表（也叫支付流水表）與支付訂單表基本一致，基本上只會增加交易編號（交易編號為交易系統產生的交易唯一標識）和本身的流水編號。其主要作用為記錄收銀台系統每一次支付狀態的變化（也叫支付動作），驗證使用者是否有重複支付或過期支付，也可作為支付過程追蹤、退款的依據。

這個表記錄的資料較多，每一次操作都會被詳細記錄下來，所以資料量十分大，我們需要對這個表進行分區。

> **注意**：Oracle 公司推薦在資料表大小超過 1GB 或行數超過百萬時就考慮分區，因為在超過這個設定值時會影響資料庫的查詢和統計效率，這個規則同樣適用於 MySQL 資料庫。

支付訂單表或支付記錄表一般會採用水平切割方案（資料分表，例如 pay order_yyyymmddhh，尾碼為小時級表）完成資料的分區，常用的是按時間切割（按天、按小時），也可以按資料記錄行進行切割。例如：達到百萬等級時，服務端應用程式或資料庫就需要把記錄切分到多個表中。

這裡就會出現分區表與明細表的概念，服務端應用需要關注這一點，在進行插入、更新、刪除等操作時需要選擇正確的資料表操作。

3.5.5 驗證與下發

驗證功能主要用於驗證 API 呼叫的合法性，以及下發指定商戶授權開通的支付方式（融合支付收銀台）和相關支付設定資訊。

以支付寶為例，商戶一般在申請連線第三方支付時就需要提交應用、營業執照等申請資料，這個過程在支付企業中被稱為「進件」，並且按平台方提供的工具（一般是 OpenSSL 工具）產生商戶的公私密金鑰憑證（需要好好保管好這對金鑰，私密金鑰需要被儲存在服務端，不能被儲存在用戶端，需要具備一定的安全等級防護）。

然後，在開放平台上建立和上傳商戶應用，上傳商戶公開金鑰（public key），之後平台會產生一個支付寶公開金鑰憑證（alipay public key），這是兩對公私資料，是一一對應的，如果兩對金鑰資料不符合，則介面資料驗證失敗。

驗證的資料包含驗證商戶註冊時的 APPID、應用套件名稱、應用簽名指紋資訊、平台分配的 SecureKey 等資訊，還會帶上一些業務欄位，然後對 Key-Value 鍵值對進行排序，使用商戶自己的私密金鑰對排序資料進行簽名，並將其發送到支付後端進行驗證。

3.5.6 提交通道訂單

下面以簡單連線支付寶 API 支付通道為例，說明支付後端通道呼叫的流程。

（1）在支付收銀台專案的依賴設定檔 pom.xml 中增加支付寶版本依賴：

```
<dependency>
<groupId>com.alipay.sdk</groupId>
<artifactId>alipay-sdk-java</artifactId>
<version>3.4.0</version>
</dependency>
```

（2）準備一個設定資訊 Bean，將其用於設定支付寶 API 的資訊：

```
@Bean
Publicfinalclass AlipayChannelConfig {

    /**
```

```
     * 支付寶將 ID 分配給應用
     *
     */
    publicstaticString APP_ID = "APP_ID";


    /**
     * 預發環境請求位址
     */
    public static String DEMO_ALIPAY_URL = "https://openapi.alipay.com/
gateway.do";


    /**
        * 產生環境請求位址
     */
    public static String ALIPAY_URL = "https://openapi.alipay.com/gateway.do";


    /**
        * 回呼位址，公網位址需要能存取到
     */
    public static String NOTIFY_URL = "http://www.xxx.com/xxx/notifyurl";


    /**
        * 支付介面名稱
     */
    public static String PAY_METHOD = "alipay.trade.app.pay";


    /**
        * 僅支援 JSON
        */
    public static String FORMAT = "JSON";
    /**
        * 請求使用的編碼格式
     */
    public static String CHARSET = "utf-8";
    /**
        * 商戶產生簽名字串所使用的簽名演算法類型
     */
```

```java
    public static String SIGN_TYPE = "RSA2";
    /**
         * 支付寶公開金鑰
    */
    public static String ALIPAY_PUBLIC_KEY = "ALIPAY_PUBLIC_KEY";
    /**
         * 商戶私密金鑰
    */
    public static String PRIVATE_KEY = "PRIVATE_KEY";
}
```

（3）產生實體一個支付寶通道用戶端實例物件，然後將設定資訊傳給
DefaultAlipayClient 的建構函數：

```java
AlipayClient alipayClient = new DefaultAlipayClient(
            AlipayChannelConfig.ALIPAY_URL,
AlipayChannelConfig.APP_ID,
AlipayChannelConfig.PRIVATE_KEY,
AlipayChannelConfig.FORMAT,
AlipayChannelConfig.CHARSET,
AlipayChannelConfig.ALIPAY_PUBLIC_KEY,
AlipayChannelConfig.SIGN_TYPE);
```

（4）產生實體支付請求類別 AlipayTradeAppPayRequest，呼叫的 API 的名
稱為 alipay.trade.app.pay：

```java
AlipayTradeAppPayRequest request = new AlipayTradeAppPayRequest();

AlipayTradeAppPayModel payModel = new AlipayTradeAppPayModel();
payModel.setBody("XX 充值 ");
payModel.setSubject(" 商戶 APP");
payModel.setOutTradeNo(" 訂單編號 ");
payModel.setTotalAmount(" 支付金額 ");
reques.setBizModel(payModel);
request.setNotifyUrl(AlipayConfig.NOTIFY_URL);// 非同步通知回呼 URL
```

（5）執行介面請求，並同步拿到傳回結果：

```
AlipayTradeAppPayResponse response = alipayClient.sdkExecute(request);
```

3.5.7 通知商戶

第三方支付平台會呼叫商戶設定的商戶服務端非同步回呼介面（通常是一個公網可存取且接收通知資料的 URL），將支付寶傳回的資料使用支付寶的公開金鑰進行驗證，在驗證通過之後，判斷支付成功還是失敗，並完成自己剩下的訂單業務處理邏輯。

部分第三方支付平台要求商戶在處理完支付業務邏輯之後，商戶服務端同步發送回執資訊給第三方支付平台，表明已收到和處理過該資料。

對於通知商戶伺服器失敗的場景，第三方支付平台一般會使用定時通知的策略通知商戶伺服器支付資料，以 48 小時為限，且通知間隔是慢慢變大的（例如：第 1 次的失敗通知間隔為 1 秒，第 2 次的失敗通知間隔為 10 秒，第 3 次的失敗通知間隔為 15 秒，第 4 次的失敗通知間隔為 30 秒，依此類推，直到 48 小時之後不再通知）。

通知任務在本質上是一個時間遞增的定時任務，基於 Spring Boot 有很多方案可以完成這項任務，例如：利用 Spring Boot 原生的 @Scheduled 註釋並實現 SchedulingConfigurer 介面就可以建置以介面為基礎的定時任務。

本文採用的是另外一種定時策略：使用 Quartz 架構。Quartz 是一個完全由 Java 撰寫的開放原始碼作業排程架構，它的任務排程功能十分強大，可以實現較為複雜的排程功能，支援相關業務對定時任務的需求，例如：每月 15 日執行、每天凌晨執行、每週五執行，等等，同時支援分散式排程。

在使用 Quartz 之前，我們先了解 Quartz 的幾個核心概念，這樣使用起來更簡單明了。

- Job：工作任務，包含將要執行定時任務的實際業務流程和相關資料。在此介面中僅有一個方法實現，函數原型為 void execute (JobExecution Context context)。
- JobDetail：表示一個實際的可執行的排程程式。與 Job 不同的是，Job 包含這個可執行程排程程式所要執行的內容，JobDetail 同時包含了這個任務排程的方案和定時策略。
- Trigger：代表一個排程參數的設定，即表明什麼時間去觸發執行和呼叫。
- Scheduler：代表一個排程容器，在一個排程容器中可以註冊多個 JobDetail 和 Trigger。

Trigger 在與 JobDetail 組合後，就可以被 Scheduler 容器排程了。

下面以 QuartZ 為例，透過 Spring Boot 與 Quartz 的整合來實現定時通知任務。

（1）依賴設定檔 pom.xml 如下：

```xml
<dependency>
    <groupId>org.quartz-scheduler</groupId>
    <artifactId>quartz</artifactId>
    <version>2.2.3</version>
</dependency>
<dependency>
    <groupId>org.quartz-scheduler</groupId>
    <artifactId>quartz-jobs</artifactId>
    <version>2.2.3</version>
</dependency>
<!-- Quartz 依賴 -->
<dependency>
    <groupId>org.springframework.boot</groupId>
    <artifactId>spring-boot-starter-quartz</artifactId>
</dependency>
```

（2）設定 application.yml 檔案，進行 Quartz 設定：

```
spring:
    quartz:
        # 相關屬性設定
properties:
        org:
            quartz:
                scheduler:
                instanceName: clusteredScheduler
                instanceId: AUTO
                class: org.quartz.impl.jdbcjobstore.JobStoreTX
                driverDelegateClass: org.quartz.impl.jdbcjobstore.
StdJDBCDelegate
                tablePrefix: quartz_
                isClustered: true
                clusterCheckinInterval: 10000
                useProperties: false
                threadPool:
                class: org.quartz.simpl.SimpleThreadPool
                threadCount: 10
                threadPriority: 5
```

（3）定義一個 JobFactory，繼承 org.springframework.scheduling.quartz.SpringBeanJobFactory，實現定時通知任務實體化：

```
/**
 * @author:Jack
 * @function: JobFactory
 * @date 2018 年 9 月 17 日
 */
Public class QuartZSpringBeanJobFactory extends SpringBeanJobFactory
{
    Private transient AutowireCapableBeanFactory beanFactory;

    @Override
```

```
Public void setApplicationContext(final ApplicationContext context)
{
    beanFactory = context.getAutowireCapableBeanFactory();
}

@Override
Protected Object createJobInstance(final TriggerFiredBundle bundle)
Throws Exception{
        Final Object job = super.createJobInstance(bundle);
        beanFactory.autowireBean(job);
        return job;
    }
}
```

（4）設定 FactoryBean：

```
@Bean
public SchedulerFactoryBean schedulerFactoryBean(JobFactory jobFactory,
Trigger simpleJobTrigger)
Throws IOException {
        SchedulerFactoryBean factory = new SchedulerFactoryBean();

        factory.setJobFactory(jobFactory);
        factory.setQuartzProperties(quartzProperties());
        factory.setTriggers(simpleJobTrigger);
        factory.setDataSource(dataSource);
        factory.setWaitForJobsToCompleteOnShutdown(true);
        factory.setOverwriteExistingJobs(false);
        factory.setStartupDelay(1);
        // 設定排程器自動執行
        factory.setAutoStartup(true);
        // 設定上下文 spring bean name
        factory.setApplicationContextSchedulerContextKey("Notify_Machant");

return factory;
}
```

（5）設定定時任務：

```
@Bean
public CronTriggerFactoryBean simpleJobTrigger(
@Qualifier("Notify_JobDetail") JobDetail jobDetail){
    CronTriggerFactoryBean factoryBean = new CronTriggerFactoryBean();

    factoryBean.setJobDetail(jobDetail);
    factoryBean.setStartDelay(1000L);
    factoryBean.setName("notify_trigger");
    factoryBean.setGroup("notify_group");
    //"5/15" 則表示 " 第 5、20、35 和 50"
    factoryBean.setCronExpression("0 5/15 0-24 ? * 2-6");

return factoryBean;
}
```

（6）實現工作任務的內容：

```
Public class NotifyScheduledJob implements Job {

Private static final Logger LOGGER = LoggerFactory.getLogger
(NotifyScheduledJob.class);

@Override
Public void execute(JobExecutionContext jobExecutionContext)
Throws JobExecutionException
    {
        // 執行通知請求任務邏輯……
        LOGGER.info(" 執行自訂定時任務 , time is {}.", newDate());
    }
}
```

我們透過以上程式完成了一個平台通知商戶的定時任務範例，對通知部分的內容可以整合 HTTPClient 元件來完成，在 Spring Boot 中整合

HTTPClient 元件（又叫 HttpComponent，可以發送 GET、POST、PUT、DELETE 等 HTTP 請求）也是非常容易的，類似把支付平台當作一個 HTTP 用戶端來對待。

（1）依賴設定檔 pom.xml 如下：

```
<dependency>
    <groupId>org.apache.httpcomponents</groupId>
    <artifactId>httpclient</artifactId>
    <version>4.4</version>
</dependency>
```

（2）完成 HTTP 請求動作：

```
// 建立 CloseableHttpClient 物件
CloseableHttpClient httpclient = HttpClients.createDefault();

// 建立 HttpGet 請求，用於請求商戶通知 URL 位址
HttpGet httpGet = new HttpGet("http://www.xxx.com/pay/notify_url");

CloseableHttpResponse response = null;
try {
    // 執行請求，相當於敲完位址後按下確認鍵，取得回應
    response = httpclient.execute(httpGet);
    // 判斷傳回狀態是否為 200
    if (response.getStatusLine().getStatusCode() == 200) {
    // 解析回應，取得資料
    String content =EntityUtils.toString(response.getEntity(), "UTF-8");
    System.out.println(content);
    }
} finally {
    if (response != null) {
    // 關閉資源
    response.close();
    }
```

```
    // 關閉 httpclient 物件
    httpclient.close();
}
```

商戶伺服器在接收到第三方支付伺服器的通知服務和資料時，採取以下程
式就可以完成通知資料接收、驗證與自己的訂單處理流程，程式如下：

```
@RequestMapping(value = "/postAlipayNotifyData",
produces = "application/json;charset=UTF-8",
method = {
        RequestMethod.GET,
        RequestMethod.POST })

public void getAlipayNotify(HttpServletRequest request) {
        Map<String, String> params = new HashMap<String, String>();
        Map requestParams = request.getParameterMap();
for (Iterator iter = requestParams.keySet().iterator(); iter.hasNext();) {
String name = (String) iter.next();
            String[] values = (String[]) requestParams.get(name);
            String valueStr = "";
            for (int i = 0; i <values.length; i++) {
                valueStr = (i == values.length - 1) ? valueStr + values[i] :
valueStr + values[i] + ",";
            }
            params.put(name, valueStr);
        }

        try {
        boolean flag = AlipaySignature.rsaCheckV1(params, AlipayChannelConfig.
ALIPAY_PUBLIC_KEY, AlipayConfig.CHARSET,
            AlipayConfig.SIGN_TYPE);
            if (flag) {
                String trade_status = params.get("trade_status");
                String out_trade_no = params.get("out_trade_no");
                String trade_no = params.get("trade_no");
```

```
                if ("TRADE_SUCCESS".equals(trade_status)) {
                // 若交易支付成功，則執行相關業務邏輯
                } else if ("TRADE_CLOSED".equals(trade_status)) {
                // 若未付款且交易逾時關閉，或支付完成後退款，則執行相關業務邏輯
                }
        }
    } catch (Exception e) {
        e.printStackTrace();
    }
}
}
```

3.6 商戶對接

支付後端在以上實現完成之後，就可以將其提供給商戶開發者進行應用整合和連線了。本節以商戶開發者角色連線收銀台，商戶也採用 Spring Boot 和 MyBatis 等服務端開發元件和技術來連線支付後端，說明如何將第三支付收銀台整合到商戶業務系統中。

成熟的支付機構一般都會提供開放平台（例如支付寶開放平台）介紹自己的支付業務流程、連線、文件、問題解答等。

3.6.1 進件

在連線支付系統之前，需要到第三方支付機構或融合支付廠商申請支付連線，這需要商戶提供相關的資質證明檔案來確認合作關係。第三方支付機構或融合支付廠商會根據商戶所屬公司的規模、信譽為程式開放相關支付功能，即前面所講的進件）。

以連線支付寶支付功能為例，首先，商戶需要申請支付寶商戶號，申請商戶號的過程就是進件的過程。

商戶的商務人員在連線支付收銀台前一般需要將以下內容遞交給第三方支付機構、融合支付廠商及商業銀行，進行資格審核和資訊註冊。

- 營業執照：提供企業或組織的營業執照的圖片資訊正面。
- 企業或個人帳戶：其帳戶必須完成實名認證。
- 身份證：如果是個人帳戶，則必須跟簽約法人的主體保持一致；如果是企業，則需要提供法人的相關身份證。
- 遊戲和文化企業：需要出示相關營運內容的著作權證明檔案等。
- 聯絡人資訊：在審核過程中重新提交資料和修改相關資訊時，需要指定對應的商務和技術人員以方便聯繫。

支付機構在審核完畢之後進行支付簽約，簽約完成之後提交應用到開放平台，將提供以下資訊給商戶開發者。

- 商戶標識：支付機構分配給商戶的應用 ID。
- 開發者開發套件（簡稱 SDK）。
- 支付機構公開金鑰：用於資料安全和簽名。
- 資料簽名方案類型：商戶在產生訂單資訊後，需要使用此資料進行數位簽章，簽名演算法類型一般是 SHA1withRSA、RSA2 和 RSA。

對金鑰產生工具一般採用非對稱加密演算法，商戶在產生公開金鑰和私密金鑰（金鑰對）後需要將公開金鑰儲存在第三方支付機構，將私密金鑰保留在自己的私有雲或主機上。

在開放平台 SDK 及 Demo 裡會有支付寶 Web 連線的 Demo（提供 Java、PHP、.Net 三種伺服器程式語言壓縮檔），將該 Demo 下載、解壓縮並匯入 IDEA IDE 專案中。

解壓縮之後，在該 Demo 中可以看到 AlipayConfig 類別和幾個 JSP 檔案：

```
package com.alipay.config;
```

```java
import java.io.FileWriter;
import java.io.IOException;

/* *
 * 類別名稱：AlipayConfig
 * 功能：基礎設定類別
 * 說明：
 * 以下只是為了方便商戶測試而提供的範例程式，商戶可以根據自己網站的需要，按照
 * 技術文件撰寫，並不一定要使用以下程式
 * 以下程式供學習和研究支付寶介面使用，僅提供一個參考
 */

Public class AlipayConfig {
// 應用 ID，即您的 APPID，收款帳號就是您的 APPID 對應的支付寶帳號
Public static String app_id = "";

// 商戶私密金鑰，您的 PKCS8 格式的 RSA2 私密金鑰
Public static String merchant_private_key = "";
// 支付寶公開金鑰，檢視位址為 https://openhome.alipay.com/platform/keyManage.
html，對應 APPID 下的支付寶公開金鑰
Public static String alipay_public_key = "";

// 伺服器非同步通知頁面路徑，需要為 "http://" 格式的完整路徑，不能加 "?id=123"
這種自訂參數，必須在外網環境中才可以正常存取
Public static String notify_url = "http:// 專案公網造訪網址 /alipay.trade.
page.pay-JAVA-UTF-8/notify_url.jsp";

// 頁面跳躍同步通知頁面路徑，需要為 "http://" 格式的完整路徑，不能加 "?id=123"
這種自訂參數，必須在外網環境中才可以正常存取
Public static String return_url = "http:// 公網造訪網址 /alipay.trade.page.
pay-JAVA-UTF-8/return_url.jsp";

// 簽名方式
Public static String sign_type = "RSA2";
```

```java
// 字元編碼格式
Public static String charset = "utf-8";

// 支付寶閘道
public static String gatewayUrl = "https://openapi.alipay.com/gateway.do";

// 支付寶閘道
Public static String log_path = "gateway";

// ↑↑↑↑↑↑↑↑↑↑請在這裡設定您的基本資訊↑↑↑↑↑↑↑↑↑↑↑↑↑↑↑↑

/**
    * 寫記錄檔，方便測試（看網站需求，也可以將記錄存入資料庫）
* @param sWord 要寫入記錄檔裡的文字內容
*/
Public static void logResult(String sWord) {
        FileWriter writer = null;
try {
            writer = new FileWriter(log_path + "alipay_log_" + System.
currentTimeMillis()+".txt");
            writer.write(sWord);
        } catch (Exception e) {
            e.printStackTrace();
        } finally {
            if (writer != null) {
                try {
                            writer.close();
                } catch (IOException e) {
                            e.printStackTrace();
                }
            }
        }
    }
}
```

3.6.2 註冊帳號

第三方支付機構一般都會為商戶註冊提供開放平台，商戶和開發者可以在開放平台上免費註冊（例如支付寶的開放平台）。在註冊流程中，商戶可以提交自己的商業應用，開放平台會進行審核並根據應用產生一個與之對應的應用標識（一般叫作應用 ID，APPID），並且申請應用對應的手機許可權和支付產品序列。商戶應用在有了 APPID 之後就能呼叫支付系統和介面的相關支付功能了。

在增加應用之後就需要對該應用增加功能。

電腦網站的支付功能支援兩種簽約方式：商家中心簽約和應用詳情的功能列表處簽約。

3.6.3 產生商戶公私密金鑰

為了確保交易雙方（商戶和支付寶）身份和資料的安全性，開發者在呼叫介面前需要設定雙方金鑰，對交易資料進行雙方驗證。

金鑰包含應用私密金鑰（APP_PRIVATE_KEY）和應用公開金鑰（APP_PUBLIC_KEY）。在產生金鑰後，開發者需要在開放平台的開發者中心進行金鑰設定，在設定完成後就可以取得支付寶公開金鑰（ALIPAY_PUBLIC_KEY）了。

3.6.4 設定同非同步通知介面

如果伺服器的非同步通知頁面路徑（notify_url）沒有修改過 URL 路徑，則直接修改伺服器 IP 和通訊埠編號就可以了：http:// 公網 IP(域名):8080/fastpay-gw-alipay/notify_url.jsp。Web 頁面跳躍同步通知頁面的路徑（return_url）為 http:// 公網 IP(域名):8080/fastpay-gw-alipay/return_url.jsp。

3.6.5 支付訂單表

在 MySQL 中建立支付訂單資料庫表，對於其他使用者資訊表、商品表，
這裡不再一一描述：

```
CREATE TABLE `tbl_order` (
    `aid` varchar(20) NOT NULL COMMENT '自動增加序號',
    `o_id` varchar(20) DEFAULT NULL COMMENT '訂單號',
    `state` varchar(20) DEFAULT NULL COMMENT '訂單狀態 10：待付款 20：已付款',
    `amount` varchar(11) DEFAULT NULL COMMENT '訂單金額',
    `product_id` varchar(20) DEFAULT NULL COMMENT '產品表外鍵 ID',
    `sku` int(11) DEFAULT NULL COMMENT '個數',
    `create_time` datetime DEFAULT NULL COMMENT '訂單建立時間',
    `finish_time` datetime DEFAULT NULL COMMENT '支付時間',
    PRIMARY KEY (`aid`)
) ENGINE=InnoDB DEFAULT CHARSET=utf8 COMMENT='商品訂單表';
```

在建立資料庫表之後，開始寫 MyBatis 資料庫存取介面 Mapper，主要是對
支付訂單資料庫表進行增刪改查。

3.6.6 支付服務類別

支付服務（訂單操作服務介面）主要用於建立訂單實體：

```
/**
 * 訂單操作服務介面 Service
 *
 */
Public interface OrdersService {

    /**
         * 建立訂單
     * @param
     */
```

```
    public Order createOrder();

    /**
        * 開始用支付寶支付
    * @param
    */
    Public void  startAliPayProcess(Order order);
}
```

建立訂單實體實現函數：

```
/**
 * 建立訂單
 * @param
 */
public Order createOrder(@Param Param parameter) {

String orderId = GeneralOrderIdService.nextOrderId();

if (StringUtils.isEmpty(orderId)) {
      Logger.error(" 建立商戶訂單號失敗 !");
      return null;
      }
    Order order = OrderFactory.build();
    order.setOrderId(orderId);
    order.setSku(parameter.getString("sku"));
    order.setOrderAmount(parameter.getString("amount"));
    order.setCreateTime(new Date());
return order;
}
```

以下函數（startFastPayProcess()）完成的任務的是到支付寶的支付閘道進行支付，為交易管理函數，一般需要在函數宣告上增加 @Transactional 註釋：

```java
/**
 * 開始支付
 * @param
 */
@RequestMapping(value = "/startFastpay", produces = "text/html; charset=UTF-8")
@ResponseBody
@Transactional
Public String startFastPayProcess(@Param Param parameter){

    Order order = createOrder(parameter);


boolean save = orderMapper.insert(order);
if (!save) {
        Logger.error(" 在服務端建立商戶訂單失敗 !");
return "";
    }

    // 獲得初始化的 FastPayClient
    FastPayClient client = new DefaultFastPayClient(Config.gatewayUrl, Config.
app_key, Config.private_key, "json", Config.charset, Config.public_key,
Config.sign_type);

    // 設定請求參數
    TradePagePayRequest request = new TradePagePayRequest();
    request.setReturnUrl(Config.return_url);
    request.setNotifyUrl(Config.notify_url);

    // 商戶訂單號，商戶網站訂單系統中唯一的訂單號，必填
    String out_trade_no = order.getOrderId();
    // 付款金額，必填
    String total_amount = order.getOrderAmount();
    // 訂單名稱，必填
    String subject = order.getName();
    // 商品描述，可空
    String body = " 使用者訂購商品個數：" + order.getSku();
```

```
    // 該筆訂單允許的最晚付款時間，若逾期則將關閉交易。設定值範圍：1m ～ 15d，
m 為分鐘，h 為小時，d 為天，1c 為當天
    String timeout_express = "1c";

    request.setBizContent("{\"out_trade_no\":\""+ out_trade_no +"\","
        + "\"total_amount\":\""+ total_amount +"\","
        + "\"subject\":\""+ subject +"\","
        + "\"body\":\""+ body +"\","
        + "\"timeout_express\":\""+ timeout_express +"\","
        + "\"product_code\":\"FAST_INSTANT_TRADE_PAY\"}");

    // 請求
String result = client.pageExecute(request).getBody();
return result;
}
```

呼叫順序如下。

（1）商戶系統請求支付後端 API fastpay.trade.start.pay 對商戶請求參數進行驗證，之後重新導向至使用者登入頁面。

（2）在使用者確認支付後，支付寶透過 GET 請求 returnUrl（商戶導入參數傳入）傳回同步支付相關參數。

（3）在交易成功後，支付寶透過 HTTP 的 POST 請求 notifyUrl（商戶導入參數傳入）傳回非同步通知參數。

（4）若由於網路等問題非同步通知沒有到達，則商戶可自行呼叫交易查詢介面 fastpay.trade. query 進行查詢，根據查詢介面取得交易及支付資訊（商戶也可以直接呼叫查詢介面，不需要依賴非同步通知）。

這樣就將支付寶的支付後端 API 整合到商戶應用系統中了。

中國銀聯和中國網聯

清算機構指負責管理和執行清算的機構，在中國大陸除了中國人民銀行，還有兩家大型且具有合法資質的清算機構：中國銀聯（中國銀聯股份有限公司）和中國網聯（中國網聯清算有限公司）。

- 中國銀聯是目前中國境內唯一的金融卡轉接清算機構，具有中國人民銀行頒發的金融卡清算業務授權。
- 中國網聯是經中國人民銀行批准成立的非銀行支付機構的網路支付清算平台。

下面詳細介紹中國銀聯、中國網聯及其相關業務。

4.1 中國銀聯介紹

中國銀聯（China UnionPay）成立於 2002 年 3 月，是經中國國務院和中國人民銀行批准的由多家商業銀行、金融機構共同出資組建的股份制金融機構，是一家跨行交易清算機構，主要實現跨銀行、跨地區、跨境間支付的互連互通和資源分享，並且是金融卡標準化標準的制定者，在國際上對標 VISA、MASTER、JCB、美國運通這樣的金融卡組織。中國銀聯是全球發卡量和交易量最大的金融卡組織。中國銀聯的標識如圖 4-1 所示。

圖 4-1

4.1.1 互連互通

在中國銀聯成立之前，四大商業銀行（工、農、中、建）都自建以省市分行為單位的支付金融系統，都擁有自己的金融卡標準和刷卡終端，而且金融卡並不通用，在異地也不通用，所以在商店、超市、賣場出現了「一櫃多機」的現象。金融卡在這一時期只能在對應的刷卡終端機上使用，使用率和刷卡成功率低。

隨著國家對金融卡聯網通用的重視和各銀行的大力推進，人們接受和使用金融卡的比例也越來越高，經國務院同意，在中國人民銀行的直接組織和主管下，各商業銀行聯合起來，在合併原全國金融卡資訊交換總中心和 18個城市金融卡中心的基礎上，由中國工商銀行、中國農業銀行、中國銀行、中國建設銀行、中國交通銀行（後分別簡稱工、農、中、建、交）等金融卡發卡金融機構共同發起，於 2002 年 3 月成立了中國的金融卡聯合組織「中國銀聯」。

中國銀聯以商業銀行的金融卡系統和區域金融卡資訊交換中心為基礎，建置了全國統一的跨行切換式網路，實現了各分行各區域的互連互通，負責各商業銀行和金融機構之間的銜接，同時包含各個地區的網路節點和海外其他金融卡發卡公司、組織和機構。中國銀聯網路的主體架構如圖 4-2 所示。

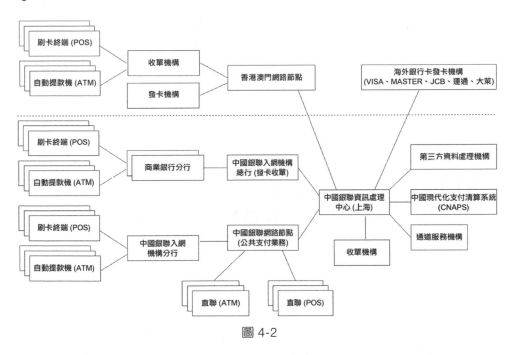

圖 4-2

目前已與上海資訊資料處理總中心聯網的有工、農、中、建、交等 11 家商業銀行和北京、天津、上海、杭州、廣州等 16 家城市中心。

中國銀聯資訊處理（上海）中心和各地城市中心節點主要負責以下事項。

- 架設、執行、管理、維護全球各地中國銀聯金融卡的異地、跨行資訊交換系統，解決金融卡異地、跨行使用的互連互通問題。
- 規範和協調各下屬及其外部單位的金融卡跨產業務和技術行為。
- 規範各區域金融卡資訊交換中心的業務和技術行為。
- 完成區域內聯網金融卡的通用業務。

4.1.2 跨區跨行跨境交易清算

中國銀聯的同行跨區、跨行和跨境交易清算業務主要是依靠中國銀聯金融卡跨行支付系統（CUPS）來完成的，中國銀聯制定了一套跨行交易清算系統的入網標準，各金融機構（商業銀行）透過金融卡跨行交易清算系統連線中國銀聯的內部私人網路，實現了各個商業銀行系統間的互轉互通，確保了金融卡在跨行、跨地區和跨境等使用場景下都能支付成功。

從圖 4-3 可以看出有以下系統或參與者與中國銀聯金融卡跨行支付系統進行資料通訊和發佈。

- 持卡人：金融卡的所有人，也是金融卡的合法持有人，一般是在發卡機構（開戶行）簽約的開戶人，是金融卡收單業務中的市場基礎單位，是收單機構、特約商戶及發卡機構市場行銷的主要物件。

- 發卡行：發行中國銀聯金融卡的金融機構或商業銀行，維護著與金融卡相連結的帳戶資訊和資金，與持卡人之間有簽約協定關係。

- 商戶：與收單機構簽有商戶協定，受理金融卡的零售商、個體商戶、自然人、有限制責任公司或其他組織，根據銷售類型或通道可以分為網際網路商戶、線下傳統商戶、第三方融合支付整合商及境外商戶等。

- 收單機構：指與商戶簽有協定的主體金融機構或商業銀行，以及為持卡人提供直接金融服務的單位。例如：POS 機在刷卡交易單據（簽購單）

上面會列印目前收單的是哪家銀行，這家銀行是直接或間接地憑交易單據（包含電子單據或紙質單據）參加結算的中國銀聯會員單位。

■ 中國銀聯線上支付系統：簡稱 UPOP（Union Pay Online Payment）系統，為持卡人提供網際網路支付服務，主要涵蓋快速支付和網銀支付兩大類支付業務，並支援各大銀行的信用卡、借記卡，被廣泛應用於網上購物、網上繳費、信用卡還款、網上轉帳等支付場景中。

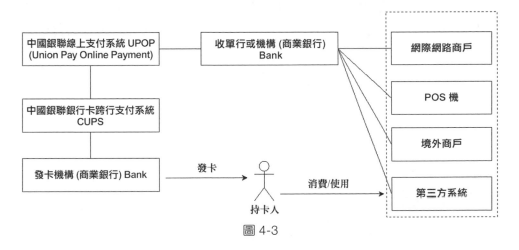

圖 4-3

其業務流程如下所述。

（1）持卡人最初是自然人，年滿 16 周歲，持個人有效身份證件或其他有效證件向發卡機構（商業銀行）進行開戶登記。目前央行規定持卡人在一個銀行只能開一個 I 類帳戶，該類型的金融卡一般叫作借記卡，可以存取現金，支援快速支付，也支援轉帳，消費和轉帳配額一般也會設定得比較大，在有餘額的情況下一般沒有其他限制，可以自由使用。

（2）持卡人在中國銀聯簽約商戶的購物商場、賣場、超市的 POS 機上進行消費和支付，或在簽約商戶的線上電子商務網站購買商品並結算，這時收單行或機構（商業銀行）會收集使用者支付相關的資訊。

（3）收單行或機構（一般是商戶的開戶行，與銀聯存在帳務結算關係）將收集到的使用者資訊及金融卡資訊，向中國銀聯線上支付系統透傳，該過程都是透過網路通訊方式進行的。

（4）中國銀聯線上支付系統將使用者資料透過專線發送給中國銀聯金融卡跨行支付系統，再轉發給發卡機構，查詢持卡人目前金融卡的限定（卡資訊是否合法、是否被鎖定、是否支援目前交易類型）、身份驗證（密碼是否正確、指紋或臉部識別資訊是否一致）、餘額（餘額是否充足、有沒有超過當日和單筆配額），接著由發卡機構（商業銀行）確認交易是否成立。

（5）最後將此交易資訊和使用者資訊資料傳回給收單機構進行交易操作，然後在 POS 機上列印相關交易單據。

4.1.3　金融卡的標準化

金融卡是經中國人民銀行批准發行的，由商業銀行、金融機構向社會發行的具有現金存取、線上線下消費支付、轉帳結算等功能的卡基金融支付工具。

金融卡按用途可以分為信用卡（貸記卡、准貸記卡）和借記卡。

■ 借記卡：一般是銀行 I 類帳戶，是一種現金交易付款方式，沒有消費和現金透支功能，需要先存款，進行消費、取現、轉帳等操作時要看借記卡餘額是否充足，具有現金存取、轉帳結算、購物消費、線上線下支付及快速支付等功能。

■ 貸記卡：一般是銀行 I 類或 II 類帳戶，是一種非現金交易方式，發卡機構對個人信用及資金風險評估審核後，給予持卡人一定限度的信用額度，持卡人可以在信用額度內先消費、支付，後在指定時期內還款，我們用的車貸卡或購物消費信用卡一般都屬於貸記卡。

- 准貸記卡：指持卡人先按銀行要求繳存一定金額的備用金，在備用金不足以支付的情況下，可在發卡行規定的額度內透支的信用卡。准貸記卡可以透支，但是透支款項沒有免息還款期，在透支當日就計算利息，並且必須一次性還清，不可以最低還款，已逐步退出歷史的舞台。

中國銀聯已經實現和涵蓋基礎標準、卡片標準、安全標準、IC 卡標準、內部標準、檢測標準等多項內容。

金融卡磁筆資訊格式和使用標準（GB/T 19584-2004）對磁條卡第 1 磁軌、第 2 磁軌和第 3 磁軌的資料內容進行了詳細定義，並對中國大陸金融卡各磁軌的使用做了規定。

中國金融積體電路（IC）卡標準（JR/T 0025.1-2005 至 JR/T 0025.10-2005）適用於由銀行發行或受理的金融 IC 卡，其使用物件主要是與金融 IC 卡應用相關的卡片設計、製造、管理、發行、受理，以及應用系統的研製、開發、整合和維護等部門（單位），也可以作為其他企業 IC 卡應用的參考。

金融卡聯網聯合安全標準（JR/T 0003-2001）規定了對加入全國金融卡網路的相關入網裝置、設施的安全技術要求，也規定了對持卡人、商戶、卡片和終端機具（裝置）供應商及銀行內部工作人員的風險防範要求。

金融卡按資訊載體可以分為塑膠卡、磁條卡、IC 晶片卡、磁條 IC 卡及雷射卡等，目前使用最廣泛的就是磁條 IC 卡（磁條和 IC 晶片相結合的卡）。

截至現在，中國大陸已經成為全球金融卡發卡量和交易量第一的國家。

4.1.4 金融卡的帳戶類型

金融卡按帳戶類型可以分為 I 類帳戶、II 類帳戶、III 類帳戶，如表 4-1 所示。這三種帳戶的主要區別是 II 類帳戶、III 類帳戶都沒有實體卡片，對 II 類、III 類帳戶配額，這樣的帳戶分級方案能有效控制使用者資金可能遇到的風險。

- I 類帳戶指透過傳統銀行櫃台開立的、滿足實名制所有嚴格要求的帳戶，例如儲蓄卡或借記卡，功能包含存款、購買理財產品、支取現金、轉帳、消費及繳費支付等。

- II 類帳戶不能存取現金，也不能向非綁定帳戶轉帳，這種帳戶一般單日支付配額為 1 萬元人民幣，例如信用卡就是 II 類帳戶。

- III 類帳戶主要用於快速支付，例如：銀行雲閃付、免密支付等，僅能辦理小額消費及繳費，不能辦理其他業務，戶內餘額一般不超過 1000 元人民幣。

表 4-1

區別	I 類帳戶	II 類帳戶	III 類帳戶
主要功能	全功能	儲蓄存款及投資理財	/
		消費（繳費）支付	消費（繳費）支付
帳戶餘額	無配額	無配額	綁定支付寶帳號
		儲蓄存款及投資理財無配額	帳戶餘額少於 1000 元
使用配額	無配額	消費（繳費）支付日累計配額 10000 元人民幣	消費（繳費）支付日累計配額 10000 元人民幣
帳戶形式	借記卡或儲蓄存摺	電子帳戶	電子帳戶

4.2 中國銀聯的業務

經過十多年的發展，中國銀聯除了最初的跨行交易清算中心樞紐、卡組織業務，慢慢衍生出支付企業或商業銀行相關的其他業務，基本覆蓋了中國支付企業生態圈內的大部分業務，如下所述。

- 收單業務：直聯 POS 機收單、全（多）通道收單、移動收單。
- 清算業務：間聯清算模式、資金清算服務。
- 創新支付：二維碼支付、臉部辨識支付、中國銀聯無卡快速支付。
- 錢包業務：中國銀聯錢包。
- 其他業務：II、III 類帳戶業務、公共事業繳費、小微商戶資金服務等。

4.2.1 收單業務

銀行收單業務的開展和實施並不由中國銀聯控股總公司承接，而由下屬的中國銀聯商務股份有限公司承接。中國銀聯商務股份有限公司（後簡稱中國銀聯商務）是中國銀聯控股的從事金融卡收單專業化服務的全國性公司，成立於 2002 年 12 月，總部設在上海。

中國銀聯商務為申請入網的機構（商場、超市、賣場、娛樂場所等，統稱銀聯商戶[1]）提供 POS 機，並提供行動支付服務（全民付、悅收銀等）、網際網路支付服務（快速支付、網銀支付、跨境支付等），主要負責線下、線上收單業務。

---

1 銀聯商戶：也分為企業型商戶、個體工商戶、租賃型商戶、小微型商戶，不同型態的商戶入網時對資料的要求不同，本章主要以企業型商戶為主。

在收單業務上,中國銀聯與商業銀行(第三方支付機構)之間存在競爭與合作,競爭非常激烈,並且打起了價格戰。由於覆蓋通道廣,中國銀聯在POS 機收單方面具有強大的競爭力。

下面透過兩個場景來說明中國銀聯的收單業務,有關線下場景(POS 機收單)和線上場景(全通道支付收單)。

1. POS 機收單

現在的商場、超市對 POS 機的使用非常普遍,並且人們在日常生活中已經離不開 POS 機了。POS 機收單分為直聯 POS 機收單和間聯 POS 機收單,區別在於,間聯 POS 機收單的終端裝置先與收單機構(非中國銀聯機構)通訊,然後透過收單機構把通訊封包轉發給中國銀聯交易平台。

POS 機裝置包含傳統 POS 機、電子簽名 POS 機、智慧 POS 機、中國銀聯POS 機等。

很多商戶都不知道怎麼申請中國銀聯 POS 機,其實只要按照以下流程申請就好:

(1)商戶首先要弄清楚哪家商業銀行(收單機構[2])的費用比較少;

(2)準備好相關材料,收單機構會幫助商戶開一個專門帳戶用於中國銀聯POS 機收款;

(3)提交 POS 機申請單,這時收單機構和中國銀聯會審核商戶有沒有資格申請,如果審核通過,中國銀聯就會將裝置與收單機構帳戶資訊綁定,然後由收單機構安排人員上門安裝。

這樣整個 POS 機的申請流程就完成了。

2　收單機構:是商戶的 POS 機所綁定的發行(收款)銀行,也就是交易資金清算銀行。

申請中國銀聯 POS 機進件的審核條件和資料如下：

- 有工商註冊的合法經營資格，並能提供境內的固定經營場所；
- 提供有效營業執照、稅務登記證、組織機構代碼證、法人身份證影本；
- 公司和財務公私章；
- 在收單商業銀行開立對公結算帳戶；
- 結算中心要求的其他證件。

同樣，持卡人持個人有效身份證件去發卡行（機構）申請自己的金融卡。

中國銀聯 POS 機的申請流程如圖 4-4 所示。

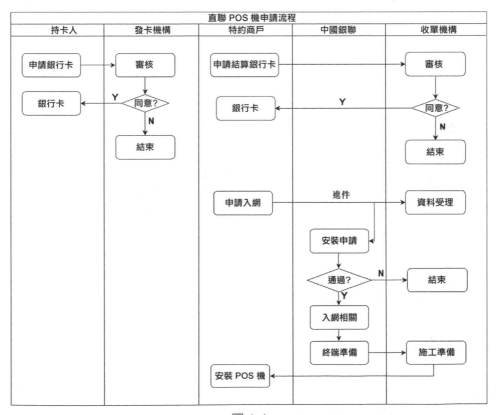

圖 4-4

中國銀聯會給商戶分配對應的收單機構相關入網協定並簽約,同時在入網過程中對商戶的徵信資料進行驗證。

在商戶申請好 POS 機之後,顧客來商戶消費並採用中國銀聯 POS 機刷卡支付方式時,直聯 POS 機收單流程啟動,如圖 4-5 所示。

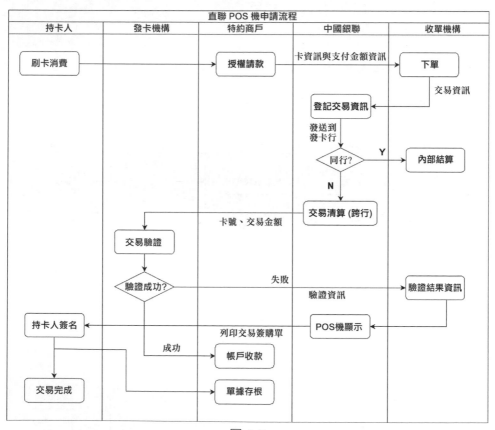

圖 4-5

基本業務流程如下:

(1)持卡人在特約商戶處選定商品或服務,使用中國銀聯金融卡支付方式進行 POS 機刷卡消費,由特約商戶發起授權請款;

（2）POS 機擷取金融卡資訊，商戶收銀職員輸入金額，持卡人輸入密碼
　　（如果有），並且將卡片資訊與支付金額資訊提交至收單機構進行下
　　單；

（3）收單機構將交易資訊傳遞給中國銀聯，中國銀聯將登記相關交易資訊
　　以做清算和結算使用；

（4）中國銀聯將根據金融卡片登記的發卡行和交易封包傳遞給發卡機構；

（5）如果發卡機構與收單機構是同一家商業銀行（金融機構），則在該銀
　　行內部進行資金結算；若發卡機構與收單機構不為同一家商業銀行，
　　則其資金結算透過中國銀聯清算平台實現跨行結算；

（6）發卡機構對卡號、密碼、卡片餘額、交易金額等交易資訊進行驗證和
　　扣款，將結果回饋給中國銀聯和收單機構；

（7）如果驗證和扣款成功，則特約商戶的帳戶將收到使用者支付且扣除手
　　續費後的款項；

（8）收單機構收到驗證資訊，更新自己的交易單狀態，將驗證結果資訊回
　　饋到 POS 機；

（9）如果交易資訊透過驗證，POS 機就會列印交易簽購單，並透過商戶收
　　銀員交由持卡人簽名，商戶留底存根，交易完成。

需要注意的是，授權請款（專用名詞）及授權一般是 POS 機具或裝置登入
中國銀聯系統的過程，這個過程會將裝置和商戶資料向中國銀聯系統進行
登入、驗證。請款動作一般是請求付款動作，這裡指的是透過交易下單來
請求付款。線上下請款流程中一般需要填寫請款單，經上級主管批覆後交
由財務部進行批款，只不過在中國銀聯系統中「上級主管」變為商業銀行
和中國銀聯。

另外，現行 POS 機費率（手續費）如下。

■ 第 I 類商戶含餐飲、賓館、娛樂、珠寶金飾、工藝美術品類別（一般扣
　率為 2% ～ 2.5%）。

- 第 II 類商戶含房地產、汽車銷售、批發類別（一般扣率為 1%，可申請單筆交易封頂）。
- 第 III 類商戶含航空售票、加油、超市類別（一般扣率為 0.5% ～ 1%）。
- 第 IV 類商戶含公立醫院、公立學校（一般扣率視地區不同各有差異）。
- 第 V 類商戶含一般類別（一般扣率為 1% ～ 3%）。

以上是中國人民銀行最近的調整政策（其費率政策會依據市場的情況進行動態調整），代表銀行結算利率，如果是個人手刷 POS 機，則費率一般為 0.6% ～ 0.7%。「96 費改」之後費率只有三種：一種是消費類別手續費；一種是公益類別手續費；還有一種是減免類別手續費，分別為 0.6%、0.38%、0。

在正常營業時間內，刷卡都是秒到帳的，一般在 8:00 ～ 22:00 刷卡是秒到帳的，在 22:00 ～ 24:00 刷卡是 T+2 到帳的，在 0:00-08:00 刷卡是 T+1 到帳的。

2. 全通道收單

全通道支付是中國銀聯全通道連線支付平台的簡稱，原來中國銀聯 Web/WAP 支付閘道支援的業務較少，中國銀聯為了提供統一的支付體驗，將網際網路支付功能和行動支付功能進行了整合，同時支援移動、網際網路等通道的收單業務，類似中國銀聯本身推出的融合支付產品，其中包含網際網路支付（中國銀聯線上支付、預授權支付、B2B 對公支付、跨境支付、無跳躍支付）、行動終端通道（手機安全支付控制項、WAP 頁面支付、平板電腦閘道支付、預授權支付、跨境支付、無跳躍支付）、後端模式產品（訂購、代收、代付、輔助消費等）。

該產品的實現，也表現了中國銀聯與商業銀行、第三方支付機構之間在收單業務方面的競爭與合作關係。

全通道連線主要依靠統一支付介面,將中國銀聯現有的在全通道、CUPA(中國銀聯收單平台)等多個平台上分散建設的卡、碼、臉等支付產品(包含支付、取消和查詢等多個 API)整合為一 Socket 埠,支付商戶無感知對接中國銀聯現有及未來新增的支付產品,且在後續新產品上線時不需要再次改造,只需商戶或技術服務商啟用介面保留欄位即可連線,這樣只要商戶研發人員一次性連線,就可以讓中國銀聯使用者在不同的支付場景下有統一的支付體驗。

全通道收單的連線模式從業務模式的角度可以分為以下兩種。

■ 前端連線模式:指使用者在商戶應用或電子商務網路上進行支付時,首先由商戶系統啟動跳躍到中國銀聯的收銀台頁面,由中國銀聯頁面或介面收集金融卡相關隱秘資訊的支付方式,適用於無卡自助消費業務場景,常用的 B2C、電子商務支付均使用了前端連線模式。

■ 後端連線模式:指使用者在商戶應用或第三方進行支付時,無須跳躍到中國銀聯頁面,由商戶或第三方自行收集金融卡的相關資訊,然後啟動交易的支付方式。由於後端支付在支付過程中所需的要素可以根據實際業務形態進行設定,所以相對前端支付來說有更大的靈活性,商戶在該過程中可以接觸金融卡的卡片資訊和持卡人資訊,存在更多的資料安全、風險管理及安全評估,所以中國銀聯對後端連線模式的開放、連線和審核相當謹慎和嚴格。這種方式適用於代收、訂購、銀企支付等業務場景中,常用的員工薪水代付和訂購使用的就是後端連線模式。

全通道收單的連線模式從系統連接方式的角度也可以分為兩種。

■ 商戶直接連線模式:指具有一定資質、技術研發和系統管理能力的商戶,直接開發訂單功能與中國銀聯系統進行對接,交易資料不經過其他第三方收單機構。

■ 收單平台連線模式：指第三方支付機構、融合支付廠商等利用本身在企業內的技術和收單能力開發介面與中國銀聯系統進行對接，商戶和銷售終端再開發介面與收單方進行對接，交易資料首先會經過收單平台，再經過中國銀聯。

在一般情況下，非金融機構採用收單平台連線方式。

提交入網全通道支付申請的流程如圖 4-6 所示。

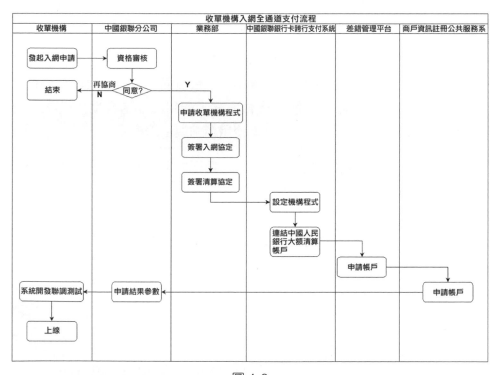

圖 4-6

收單機構入網前的準備工作是完成總對總（企業總公司對中國銀聯總公司）的連線，在需要專案落地時才到中國銀聯分公司實現以下業務流程：

（1）收單機構向所在地的中國銀聯分公司提交之前收單企業進件的相關資料，見提交資料清單；

（2）中國銀聯分公司對進件資料進行審核，如果對資料及徵信相關內容審核不通過，則將相關內容發回、重新提交或補交；

（3）在資料審核透過之後，中國銀聯分公司相關介面人協助企業向中國銀聯總公司業務部申請收單機構程式；

（4）收單機構與中國銀聯業務部簽署入網協定和清算協定；

（5）在協定簽署完成之後，中國銀聯分公司相關介面人協助企業在中國銀聯金融卡跨行支付系統中設定機構程式，連結中國人民銀行或央行大額清算帳戶；

（6）中國銀聯分公司相關介面人協助企業在中國銀聯差錯管理平台和商戶資訊公共服務系統中註冊相關帳號，並且需要掌握商戶清算資訊的設定方法和系統使用方法；

（7）收單機構在以上流程申請完畢之後，就可以拿到相關參數與文件，進行系統研發、聯調、測試；對於以總對總方式完成商戶資訊註冊的收單機構，由中國銀聯總公司統一提供測試服務；對於以分對分（企業分公司對銀行當地分公司）方式完成商戶資訊註冊的收單機構，由中國銀聯本機分公司協助收單機構完成測試工作；

（8）透過測試和驗收之後，就可以上線營運了。

收單機構需要提交的資料清單如下：

■ 中國銀聯收單機構新業務類型開辦申請表；
■ 中國銀聯收單外包服務機構註冊登記宣告書；

- 全通道收單機構連線申請表；
- 營業執照、稅務登記證和組織機構程式證影本、企業驗資證明書；
- 經具有合法資質會計師交易所稽核的企業上一年度財務報告，包含資產負債表、利潤表、現金流量表及其附注（附會計師交易所營業執照及會計師資格證）；
- 企業經營財務狀況說明；
- 高階管理人員履歷材料；
- 企業綜合情況報告；
- 企業服務系統建設情況報告；
- 企業分支機構（辦事處）情況說明；
- 企業規章制度或主業務流程；
- 與所有合作收單機構簽署的中國銀聯卡收單業務專業化委派服務協定影本。

第三方收單機構提交申請資料之後，開始進行相關技術研發。同時，中國銀聯資訊總中心會根據申請材料聯繫收單機構，與收單機構共同確定沙盒測試細節、要求環境及相關計畫，並且全程提供對資金流、資料流程及業務測試的支援。

在測試完畢之後，中國銀聯資訊總中心會向中國銀聯業務營運中心提供相關測試結果報告，中國銀聯業務營運中心對測試成功的收單機構進行生產參數設定，這樣就完成了整個收單機構入網的流程。

在系統研發過程中，中國銀聯商戶服務平台會提供相關技術指引和指導：

- 系統平台技術改造指南；
- 產品介面標準；
- 全通道開發套件；

- 全通道業務營運服務指南；
- 全通道商戶服務指南。

在後面的章節中，將以全通道的統一支付介面為例來說明技術連線和功能實現。

4.2.2 清算業務

在中國境內能從事清算業務的企業主要如下。

- 中國銀聯：負責 POS 機與 ATM 的跨行支付、轉帳、提款業務，清分[3]階段由中國銀聯金融卡跨行支付系統完成，結算階段由中國銀聯金融卡跨行支付系統連線大額即時交易系統完成。

- 中國網聯：負責網際網路金融如支付寶、微信等第三方支付平台的支付與轉帳業務，清算階段由中國網聯完成，結算階段由中國網聯接入中國人民銀行網上支付跨行清算系統完成。

下面先說明清算與結算的概念，以及二者之間的關係，然後說明清算的模式和過程。

1. 清算與結算

清算與結算容易讓人混淆，但清算並不等於結算，二者的概念如下。

（1）清算。銀產業金融機構相互之間的清算是由中國人民銀行組織的，清算關係是在銀行與銀行之間發生的，或是在銀行與金融機構之間發生的，銀行和非銀金融機構是清算關係中的參與者和關係人，清算關係完成代表

3　清分：是清算的資料準備階段，主要是將當日的全部網路交易資料按照各成員行之間的待清算資料等進行整理、整理、分類。

銀行間債權債務關係清償[4]。在中國大陸除中國人民銀行外,另外兩大僅有的獲得清算業務授權清算機構如下。

- 中國銀聯:承擔金融卡跨行交易轉接清算相關職責。
- 中國網聯:承擔網際網路支付機構與銀行間的清算相關職責。

(2)結算。結算指單位、個人在社會經濟活動中使用票據、信用卡和匯兌、托收承付[5]、委派收款等結算方式,進行貨幣給付及其資金清算的行為。

從上述法規中可以了解到,與商業銀行進行處理的是商戶、消費者及企業,他們之間組成的是結算關係,結算關係的完成代表商業銀行、商戶與消費者之間債權債務關係的清償。我們從中也可以清楚地知道銀行是支付結算和資金清算的仲介機構。

舉個結算的實例:

中國銀聯 POS 機收單的結算方式一般是 T+0,指的是中國銀聯網路作為商戶收單機構在中國銀聯卡支付受理服務中,提供的刷卡交易資金當日到帳服務(即完成商戶與中國銀聯之間的結算關係),持卡人使用金融卡在 POS 機上進行交易,中國銀聯會根據交易成功資訊進行資金墊支來實現商戶的當日交易資金入帳。

2. 清算模式

清算模式有兩種,如下所述。

---

4 清償:同指履行合約,指債務人按合約的約定了結債務、配合債權人實現債權目的的行為。
5 托收承付:指根據購銷合約由收款人發貨後委派銀行向異地購貨單位收取貨款,根據合約對單或對證驗貨後,向銀行承認付款的一種結算方式。

- ■「直聯清算」模式：商戶清算資訊由中國銀聯維護，收單機構需要預先在中國銀聯商戶管理平台輸入商戶帳戶、商戶扣率、收單側分潤規則（收益分配，一般收單行收益的 90% 歸中國銀聯，商戶僅獲得收單行收益的 10%）等清算資訊，由中國銀聯清算系統據以計算商戶和各分潤角色各自應得資金，並產生相關檔案和結算報表，由收單、結算行按照中國銀聯提供的檔案入帳，或由中國銀聯透過中國人民銀行小額代理入帳。

- ■「間聯清算」模式：中國銀聯在日終（中國銀聯清算系統自動結算關閉的時間點）後為收單機構提供流水明細，將收單側應得資金總額清算至收單機構，由收單機構自行計算商戶和各收單側分潤角色應得資金，形成結算報表和商戶對帳檔案，並為商戶入帳。

3. 清算資金入帳方式

清算資金入帳方式分為以下 3 種。

- ■ 收單機構入帳：中國銀聯將直聯商戶清算資金整理至收單機構，由收單機構根據中國銀聯提供的商戶清算流水為商戶劃帳。

- ■ 結算行入帳：商戶在結算代理行（開戶行）開立結算帳戶，由中國銀聯將資金整理清算至商戶的結算代理行，並向結算代理行提供商戶入帳明細，由其進行商戶劃帳。

- ■ 中國人民銀行小額入帳：商戶在商業銀行開立結算帳戶（也叫作結算過渡戶，屬於內部資金流通過平台的一種方式），收單機構委派中國銀聯透過中國人民銀行小額支付系統直接向該商戶的結算帳戶劃付入帳資金，中國銀聯會對要求代理劃帳的商戶逐筆劃付對應的資金。同時，中國銀聯將向收單機構提供資金掛帳、墊付資金回補、退匯等資金管理服務。

以上清算方式都是透過支付指令完成的。

《支付清算組織管理辦法》第三條規定如下：

（1）支付清算是指支付指令的交換和計算；

（2）支付指令是指參與者以紙質、磁媒體或電子形式發出的，辦理確定金
　　　額的資金轉帳指令；

（3）支付指令的交換是指提供專用的支付指令傳輸路徑，用於支付指令的
　　　接收、清分和發送；

（4）支付指令的計算是指對支付指令進行整理和軋差 [6]；

（5）參與者是指接受支付清算組織章程限制，可以發送、接收支付指令的
　　　金融機構及其他機構。

4. 清算過程

清算過程針對中國銀聯清算系統來講只是支付清算的子集，中國銀聯的支
付清算包含清分和資金劃撥兩個流程。

- 清分：清分是在中國銀聯自己的跨行清算系統裡面完成的，發生的時間
為交易成功時或中國銀聯的日終時間節點。清分通常指標對支付流水記
錄檔中記錄的成功交易流水單計算交易本金及交易費用（包含手續費、
各方的利潤分配等），然後按清算物件整理紮差形成兩個金額（應收和
應付金額），相當於對清算的前置處理。

- 資金劃撥：指透過特定的通道和方式完成應收應付資金的傳輸，簡而言
之，就是明確透過哪種通道拿回應收款和付出應付款。

6　軋差：指利用抵銷、合約更新等法律制度，最後取得一方對另一方的一個數額的淨債權
　　或淨債務。例如：在市場交易者之間可能互有內容相同、方向相反的多筆交易，在結算
　　或結束交易時，可以將各方債權在相等數額內抵消，僅支付餘額。

在清分時間節點（日終），中國銀聯金融卡跨行支付系統將清分明細和資金清算交易指令發送給中國人民銀行大額支付系統，由中國人民銀行大額支付系統操作清算帳戶管理系統（SAPS），將資金從發卡行清算帳戶劃撥給收單機構清算帳戶，中國銀聯金融卡跨行支付系統再透過中國人民銀行小額支付系統發送收單清算[7]，這時中國人民銀行小額支付系統會將結算款轉到商戶帳戶。

其流程如圖 4-7 所示。

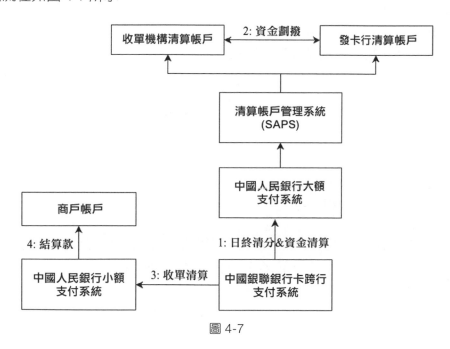

圖 4-7

舉個實例：手續費由商戶出，按照 2004 年的 7:2:1 固定分潤比例（這樣便於了解，2013 年分類商戶費率和 2016 年的借貸分離定價情況較為複雜並且很難定義使用場景，例如：公益類別商戶實施 0 費率）。計算如下：

7　單清算：是中國銀聯代替收單機構針對商戶和第三方收單專業化服務機構的清算。

（1）發卡行收交易總金額的 7‰；

（2）收單機構收交易總金額的 2‰；

（3）中國銀聯收交易總金額的 1‰。

商戶收款的開戶行和清算帳戶在收單機構，持卡人的開戶行和清算帳戶在發卡行，持卡人在商戶處消費，用 POS 機刷卡 10000 元的商品。在清分階段，中國銀聯結算系統記錄這筆交易，計算出這筆交易中發卡行、中國銀聯、收單機構各自收取多少手續費，並分別向發卡行與收單機構發起交易指令。

在清分階段，由中國銀聯計算的清分結果如表 4-2 所示 (以人民幣計)。

表 4-2

序號	收單機構	中國銀聯	發 卡 行
1	貸記：10000 元 借記：2 元	貸記：1 元	借記：10000 元 貸記：7 元
合計	貸記商戶：9990 元 貸記收單機構：2 元	貸記：1 元	借記：9993 元

在資金劃撥階段，中國銀聯在 T+1 日根據清分結果進行跨行資金劃撥。發卡行根據交易指令從持卡人的金融卡帳戶扣除 10000 元，並從 10000 元中扣除對應的手續費，對剩餘的錢再扣除對應的手續費，透過中國人民銀行大額支付系統轉給收單機構，收單機構再扣除對應的手續費，將剩下的錢轉入商戶的帳戶。

也就是說：

（1）持卡人所在的發卡行清算帳戶減少 10000 元，7 元被劃入發卡行商業盈收清算帳戶；

（2）商戶所在收單機構的清算帳戶增加 9990 元，2 元被劃入收單機構的
　　商業盈收清算帳戶，中國銀聯清算帳戶增加 1 元。

以上兩個過程組合在一起就是清算。

4.2.3 代收代付

中國銀聯線上支付代收代付平台是中國銀聯以集團企業客戶資金批次代扣
及批次代發為基礎的需求而設計的，為企業提供統一平台、統一格式、統
一管理的高效代收代付資金解決方案。

為商戶提供的代收代付資金管理解決方案被廣泛應用於通道資金歸集、保
費代扣、理賠金批付、向供應商付款等業務中。

這個代收代付業務是由中國銀聯線上（ChinaPay）公司負責的，提供手機
充值繳費、信用卡還款、便民繳費及公共事業繳費等網上繳費服務。

與中國銀聯商務有限公司不同的是中國銀聯線上提供的是線上支付服務業
務。

1. 代收業務

代收業務是以中國銀聯持卡人與企業商戶簽訂為基礎的相關業務委派協
定，同意企業商戶根據相關協定的約定，向持卡人指定帳戶請求並完成指
定款項支付結算的業務。

代收場景有日常生活中的水電瓦斯公司、有線電視等銀行代扣款業務、消
費信用還貸扣款業務、資金或帳戶歸集業務等。

代收業務的工作流程分成以下 3 步驟。

（1）簽訂代收款業務委派協定，中國銀聯支援線下或線上建立扣款委派關
　　係，在這個過程中，中國銀聯線上重點審核、監管收款商戶的資質、
　　經營範圍和規模，因為一旦使用者與商戶簽訂了扣款協定，資金就會
　　自動從使用者（持卡人）的帳戶中扣除。

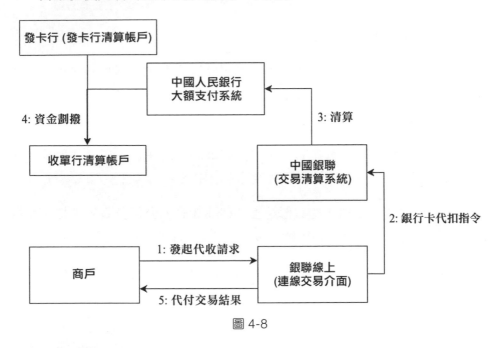

圖 4-8

（2）進行整個資金的代收業務，如圖 4-8 所示。首先，簽約商戶透過與銀
　　聯線上的連線交易介面，提交單筆代扣支付請求。然後，中國銀聯線
　　上驗證提交的代扣請求的合法性之後，向中國銀聯金融卡跨行支付系
　　統發送代扣指令。接著，中國銀聯在與發卡行（商業銀行）通訊之
　　後，獲得身份是否合法、卡片餘額是否充足等資料資訊。其次，中國
　　銀聯處理與發卡行的交易資訊，如果交易成功，則代扣交易資金將透
　　過中國銀聯支付清算系統，經中國人民銀行大額支付系統劃至收單機

構（中國銀聯）清算帳戶上。最後，中國銀聯代扣平台向商戶傳回代
扣交易結果。

（3）在簽訂代收協定之後，企業商戶可透過銀聯線上的後端來更改代收週
期、取消代收協定或更改代扣卡（帳戶）等。

2. 代付業務

對於代付業務，中國銀聯可實現企事業單位（簡稱「商戶」）從本身單位
結算帳戶向持卡人指定金融卡帳戶進行款項劃付。

代付場景有企業向員工發放薪水和獎金，以及保險公司經賠付反向被保險
人發放保險資金和賠付款等。

代付業務的工作流程基本與代收業務類似，以發放薪水為例：

（1）薪水發放日期到了，企業（商戶）向中國銀聯線上連線交易介面發送
代付請求；

（2）中國銀聯擷取企業預設的員工卡號與實付薪水，接收和組成即時代付
交易資料並發送到中國銀聯結算系統處理；

（3）中國銀聯結算系統發送給商業銀行即時代付交易碼，並即時傳回交易
結果；

（4）對於成功的即時代付交易，商戶系統顯示代付成功並列印訂單，其額
度則由中國人民銀行小額支付系統從商戶結算帳戶代付總額度中扣減
（不成功則不扣減額度）；

（5）若持卡人的入帳卡片有簡訊告知功能，則發卡行會發送簡訊，提示資
金即時入帳。

4.3 連線中國銀聯

下面以中國銀聯全通道支付為例,介紹商戶開發者或支付平台如何連線中國銀聯全通道統一支付介面。

全通道統一支付介面主要適用於簽約商戶改造的服務商(包含收單機構),在商戶改造過程中統一連線中國銀聯卡支付、二維碼支付、臉部辨識支付及後續新增中國銀聯支付產品時的連線場景。

4.3.1 技術準備

在技術人員連線開發之前,商戶的商務、技術人員和中國銀聯本機分公司商戶服務部需要確認以下內容:

(1)對連線的產品和方案進行商務洽談,提交正式入網申請,確定合作意向和業務需求;

(2)與中國銀聯技術服務人員確認服務設計方案、技術介面和技術連線方案選型;

(3)雙方簽訂合作協定,確定技術對接人;

(4)成立相關技術專案小組進行系統對接,並且制定相關專案的整體計畫;

(5)中國銀聯提供相關範例程式(Demo)、開發者連線文件。

在從中國銀聯平台上取得到有關 Demo 和文件之後,商戶開發者就可以從零開始架設自己的支付模組或系統了,並使用中國銀聯開放服務平台服務端 SDK 快速連線閘道支付產品,完成與中國銀聯全通道的統一支付連線和對接開發工作。

4.3.2 技術實現

1. 入網註冊

進入中國銀聯開放平台的商戶服務入口網站，註冊相關商戶資料，完成註冊後，進入「自助入網測試」頁面。

在申請註冊完畢之後，選擇對應的支付產品（手機無線收款產品、PC 收銀台、二維碼支付、繳費類別、代收代付等產品），並根據商戶所在地選擇對應的收單機構，最後上傳入網審核資料。中國銀聯根據審核結果提供測試（沙盒）環境的憑證和伺服器相關的測試 API URL 位址。

2. 取得憑證

商戶會取得簽章憑證、敏感資訊加密憑證和簽章驗證證書。

1）簽章憑證 & 敏感資訊加密憑證

首先，商戶後端對中國銀聯介面封包中出現的簽名表單欄位（signature）之外的所有資料（全通道產品參數和商戶訂單參數）採用 "key=value" 形式按照名稱排序，然後以 "&" 作為 URL 連接子連接成待簽名串。

其次，對待簽名串使用 SHA-256 演算法做摘要，再使用中國銀聯頒發給商戶的簽名私密金鑰憑證中的私密金鑰對摘要做簽名操作（簽名演算法選擇 SHA-256）。

最後，對簽名做 Base64 編碼，將編碼後的簽名串放在簽名表單欄位裡，和其他表單欄位一起透過 HTTP POST 方式傳輸給中國銀聯全通道支付平台。

2）簽章驗證證書

中國銀聯介面回應傳回的資料，對待簽名串使用 SHA-256 演算法做摘要，再使用商戶入網時中國銀聯提供的簽章驗證公開金鑰憑證中的公開金鑰對摘要和封包中的簽名資訊做簽名驗證操作。

> **注意**：不要採用中國銀聯自訂的 key，如果採用相同的 key，則在解析參數資料時，程式將無法區分兩個相同的 key 對應的內容。

3. 整合支付功能

中國銀聯開放平台為了幫助開發者呼叫開放介面，提供了開放平台服務端 SDK，目前僅包含 Java 版本，封裝了參數簽名 & 簽章驗證、HTTP 網路介面請求等相關基礎功能。請先下載對應語言版本的 SDK 或 API 並引用商戶應用程式開發專案。

從圖 4-9 可以看出，商戶開發者不需要直接與銀行或發卡機構進行開發，就可以連線各種金融卡的支付方式。

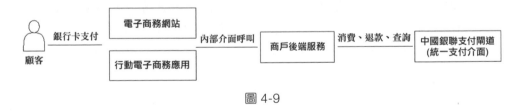

圖 4-9

顧客在簽約中國銀聯的電子商戶網站，或在商業行動應用中購買消費品並使用金融卡支付時：

（1）電子商戶網站（行動應用）會與商戶後端服務進行通訊，將商品資訊和顧客資訊傳給後端服務，產生商戶自己的商品訂單資料；

（2）商戶後端服務呼叫中國銀聯支付閘道的統一支付介面。也可以是其他介面，這需要依據商戶本身的產品特點來選擇，例如無跳躍支付、線上閘道支付、手機 WAP 網頁支付、企業網銀支付等；

（3）中國銀聯支付閘道將相關交易指令在銀行網路（金融資料通訊網）中操作，傳回或通知給商戶後端服務相關支付結果。

支付消費介面（本章以支付消費介面為例，不再一一說明退款、查詢、預授權等介面）指境內外持卡人在從事商貿活動的商戶的行動應用或電子商網站進行購物等消費時，使用中國銀聯的金融卡進行支付結算的交易，經中國銀聯和發卡行批准的消費額將即時回饋到該持卡人的金融卡帳戶餘額上。

支付消費介面一般採用 HTTPS 網路通訊協定，採用 POST 方式傳送資料。

中國銀聯會提供兩個介面，對應軟體研發流程中的兩個環境。

（1）研測環境：是開發人員和測試人員專門用於開發、測試流程的執行環境，在軟體公司中，這個研測環境仍會再細分成開發環境和測試環境，在開發環境中由用戶端和服務端研發人員共同主導架設，其相關設定具有實驗性，也會比較隨意。為了開發、偵錯方便，記錄檔較為豐富，模擬資料也會較為隨意。而測試環境一般是模擬生產環境來定義的，會有較多的資料驗證過程、自動化測試工具及步驟。

（2）生產環境：指正式對外營運或服務的環境，一般由測試人員發佈，營運和運行維護人員主導，在這個環境中研測資料會被清空，並且一般會關掉不必要的偵錯、開發記錄檔等，同時會開啟監控記錄檔和錯誤收集記錄檔等。

研發人員需要在這兩個環境中使用程式切換不同的環境 URL。下面使用 Spring 架構中的 profile 功能實現對不同環境的切換。

首先，在設定檔 Application.xml 中定義 profile 節點，可以透過定義 profile 功能將開發、測試和生產環境的相關設定分開，這裡定義了三個 profile 節點：dev（開發環境）、test（測試環境）、prod（生產環境）。程式如下：

```
<!-- 開發環境設定檔 -→
<beans profile="dev">   <context:property-placeholderlocation="classpath:
settings-dev.properties"/>
</beans>

<!-- 測試環境設定檔 -→
<beans profile="test">
<context:property-placeholderlocation="classpath:settings-test.properties"/>
</beans>

<!-- 生產環境設定檔 -→
<beans profile="prod">
<context:property-placeholderlocation="classpath:settings- prod.properties"/>
</beans>
```

然後，定義預設的 profile，在沒有指定任何 profile 的情況下，預設的 profile 內定義的內容將被使用，通常可以在 web.xml（或 application.xml）中透過定義全域 servlet 上下文參數 spring.profiles.default 來實現：

```
<!-- 設定預設 profile -→
<context-param>
    <param-name>spring.profiles.default</param-name>
    <param-value>dev</param-value>
</context-param>
```

最後，啟動對應環境中的 profile，Spring 架構為我們提供了大量的啟動 profile 設定的方法，可以透過程式來啟動，例如使用以下程式：

```
@ContextConfiguration("/application-dev.xml")
@ActiveProfiles("dev")
public class TransferPayService extends TransferPayEngine {
    //TODO
}
```

也可以透過執行參數、系統環境變數、JVM 參數、servlet 上下文參數來定義 spring.profiles. active 等參數，啟動對應的 profile，這裡透過定義執行參數實現：

```
-Dspring.profiles.active="dev"
```

在生產環境中，以 Tomcat Web 伺服器為例，我們在開發 Web 伺服器的啟動指令稿 start.sh 中加入以下 JVM 參數：

```
-Dspring.profiles.active="prod"
```

如果不指定對應的環境，則應用將採用原來的預設環境，也就是開發環境。

連線支付消費介面，標準請求程式摘自中國銀聯系統 Demo，程式如下：

```
Map<String, String> requestData = new HashMap<String, String>();

/*** 中國銀聯系統 Demo，產品參數，除了 encoding 可自行選擇，其他無須修改 ***/
// 版本編號，預設值
requestData.put("version", DemoBase.version);
// 字元集編碼，叫以使用 UTF-8、GBK 兩種方式
requestData.put("encoding", DemoBase.encoding_UTF8);
// 簽名方法
requestData.put("signMethod", SDKConfig.getConfig().getSignMethod());
// 交易類型，01：消費
requestData.put("txnType", "01");
// 交易子類型，01：自助消費
requestData.put("txnSubType", "01");
// 業務類型，B2C 閘道支付，手機 WAP 支付
requestData.put("bizType", "000201");
// 通道類型，這個欄位區分 B2C 閘道支付和手機 WAP 支付；07：PC，平板 08：手機
requestData.put("channelType", "07");
/*** 商戶連線參數 ***/
// 商戶號碼，請改成自己申請的正式商戶號或在開放平台上註冊的 777 測試商戶號
```

```
requestData.put("merId", merId);
// 連線類型，0：直聯商戶
requestData.put("accessType", "0");
// 商戶訂單號，8～40位數字字母，不能含 "-" 或 "_" 字元，可以自行訂製規則
requestData.put("orderId",DemoBase.getOrderId());
// 訂單發送時間，取系統時間，格式為 "YYYYMMDDhhmmss"，必須取目前時間，否則會報
txnTime 無效
requestData.put("txnTime", DemoBase.getCurrentTime());

// 交易幣種（境內商戶一般是 156）
requestData.put("currencyCode", "156");
// 交易金額，單位為分，不要帶小數點
requestData.put("txnAmt", txnAmt);

// 前端通知位址（需設定為外網能造訪 http、HTTPS 位址均可），指的是收銀台支付成功
// 後的頁面，單擊 " 返回商戶 " 按鈕時將非同步通知封包 POST 到該位址
requestData.put("frontUrl", DemoBase.frontUrl);

// 後端通知位址（需設定為公網能造訪 http、HTTPS 位址均可，支付成功後中國銀聯自
動將非同步通知封包 POST 到商戶上送的該位址；對於失敗的交易，中國銀聯不會發送後
端通知
requestData.put("backUrl", DemoBase.backUrl);
/** 請求參數設定完畢，下面對請求參數進行簽名並產生 HTML 表單，將表單寫入瀏覽器
完成跳躍並開啟中國銀聯頁面 **/
// 封包中 certId、signature 的值是在 signData 方法中取得並自動設定值的，將憑證設
定正確即可
Map<String, String> submitFromData = AcpService.sign(requestData,DemoBase.
encoding_UTF8);
// 取得請求中國銀聯的前端位址
String requestFrontUrl = getFrontRequestUrl();
// 產生自動跳躍的 HTML 表單
String html = AcpService.createAutoFormHtml(requestFrontUrl, submitFromData,
DemoBase.encoding_UTF8);
```

```
LogUtil.writeLog(" 列印請求 HTML，此為請求封包，為聯調排除問題的依據："+html);
// 將產生的 html 寫入瀏覽器完成自動跳躍並開啟中國銀聯支付頁面；這裡呼叫
signData 之後，在將 html 寫入瀏覽器並跳躍到中國銀聯頁面之前，均不能對 html 中表
單項的名稱和值進行修改，如果修改，則會導致簽章驗證不通過
resp.getWriter().write(html);
```

這樣，以上支付消費介面就連線完畢了。除了支付消費介面，其他介面的連線步驟基本一致，這裡就不一一贅述了。

支付消費介面的 HTTP 請求本體封包如下：

```
version= 版本編號 (本書使用版本編號為 6.0.0) &encoding= 編碼格式 (UTF-8 或 GBK)
&merCertId= 商戶憑證序號 &signMethod= 資料簽名方式（RSA-SHA256，RSA 簽名，摘要
演算法用 SHA256）&bizMethod=acp.unified.pay&merId= 商戶程式 &nonceStr= 隨機字串
(一般是本機裝置時間，精確到微秒) &signature= 對封包的簽名資料
```

&orderId= 商戶訂單號 &bizContent= 參數集合，是 JSON 格式：

```
{
    "scene": " 支付場景 ",
    "authCode": " 授權碼 ",
    "txnAmt": 支付金額 ,
    "currencyCode": " 貨幣程式 ",
    "backUrl": " 商戶後端通知服務位址，需公網可存取 ",
    "termId": " 裝置終端標識 ",
    "termInfo": 終端資訊，選填 {
        "mchCreateIP": "IP 位址 ",
        "longitude": " 經度資料 ",
        "latitude": " 緯度資料 ",
        "networkLicense": " 終端入網認證編號 ",
        "termDeviceType": " 終端類型 ",
        "serialNum": " 終端序號 ",
        "encryptRandNum": " 加密隨機因數 ",
        "secretText": " 加密資料 ",
```

```
      "appVersion": " 應用版本編號 ",
      "mCountryCode": " 國家程式 "
   }
}}
// 為確保安全通訊，需要自行透過程式驗證回應資料範例中的 signature 值是否為中國
銀聯所提供的
```

4. 結果通知

中國銀聯在支付成功或失敗時，會呼叫介面資料中傳送的商戶前端或後端
URL 位址，進行支付結果通知，這也表示商戶後端服務（公網可存取）會
收到一個 HTTP 請求，這個請求來自中國銀聯支付伺服器。這裡以後端通
知支付結果為例：

```java
Logger.writeLog(" 接收來自中國銀聯伺服器的後端通知 ");
String encoding = req.getParameter(SDKConstants.param_encoding);

// 取得中國銀聯通知伺服器發送的後端通知參數
Map<String, String> reqParam = getAllRequestParam(req);
LogUtil.printRequestLog(reqParam);

Map<String, String> valideData = null;
if (null != reqParam && !reqParam.isEmpty()) {
  Iterator<Entry<String, String>> it = reqParam.entrySet().iterator();
  valideData = new HashMap<String, String>(reqParam.size());
  while (it.hasNext()) {
    Entry<String, String> e = it.next();
    String key = (String) e.getKey();
    String value = (String) e.getValue();
    valideData.put(key, value);
  }
}
```

```
// 重要！驗證簽名前不要修改 reqParam 中鍵值對的內容，否則簽章驗證不通過
if (!AcpService.validate(valideData, encoding)) {
 Logger.writeLog(" 驗證簽名結果 [ 失敗 ].");

// 簽章驗證失敗，需要解決簽章驗證問題
 } else {
 LogUtil.writeLog(" 驗證簽名結果 [ 成功 ].");
// 注意，這段範例程式是為了示範參數簽章驗證成功才寫的成功處理邏輯。如果真實交
// 易成功，則請更新商戶訂單狀態
 String orderId =valideData.get("orderId"); // 取得後端通知的資料，其他欄位也
// 可用類似方式取得
 String respCode = valideData.get("respCode");
 }

Logger.writeLog("BackRcvResponse 接收後端通知結束 ");
// 傳回給中國銀聯伺服器 "http 200" 狀態碼
resp.getWriter().print("ok");
```

5. 異常處理

在通知回覆商戶後端服務時會出現各種各樣的異常（可參考銀聯開放平台的相關文件），需要商戶開發者處理和回覆中國銀聯支付閘道。

這些異常可分為以下幾種。

（1）參數缺失或不正確。例如：支付介面版本編號不正確；交易類型不在指定範圍內；簽名等必填欄位缺失，這些都需要傳回中國銀聯服務介面 "Invalid request." 字串。若交易類型和請求位址驗證有誤，則需要傳回 "Invalid request URI." 字串。

（2）驗證簽名失敗。這一般是由於資料封包遭遇綁架或篡改，導致的通知資料驗證不通過。還有一種情況是在參數中帶特殊字元。我們在請求時特別要注意對特殊字元進行過濾、處理和還原。

（3）中國銀聯支付閘道傳回錯誤回應碼和回應描述資訊，可以在中國銀聯
的公共平台上查詢對應的詳細描述。

（4）觸發交易風控。例如：訂單交易時間超長；交易金額超過每日配額；
帳號操作頻繁；信用卡使用地點與常用地點偏差過大等。

（5）其他類型的錯誤。例如：網路請求錯誤；請求逾時；HTTPS 驗證錯
誤，等等。

4.3.3 測試

在連線中國銀聯全通道 API 之後，就可以使用測試環境位址進行測試了。
目前中國銀聯也提供了以下內容供商戶測試，特約商戶或第三收單機構為
中國銀聯提供測試人員協助測試。

- 測試支付卡：類似中國銀聯銀行借記卡。
- 證件號：模擬身份證字號碼。
- 手機號：模擬行動手機號碼。
- 密碼：預設密碼。
- 姓名：全通道。

簡訊驗證碼：123456（WAP/ 控制項）、111111（PC）。注意：要在點擊
「取得簡訊驗證碼」按鈕後再輸入簡訊驗證碼。

中國銀聯還提供了測試後端供商戶進行跳躍類型的測試工具。

商戶測試人員在完成測試之後需要提交測試報告、請求封包資料、通知回
覆資料等測試資料給中國銀聯測試人員。

中國銀聯測試人員在確認測試資料和業務流程之後，進行清檔及准許發佈
生產環境的回覆，這樣就完成了整個連線中國銀聯全通道 API 的工作。

4.4 中國網聯介紹

中國網聯是中國網聯清算有限公司營運的第三方支付機構統一的網路清算平台，由中國支付清算協會組織發起設立，其中包含央行清算總中心、財付通、螞蟻金服（支付寶）、中國銀聯商務等在內的 45 家機構，於 2017年 7 月份簽署設立協議書並發起設立，主要處理由非銀行金融機構發起的有關銀行帳戶的網路支付業務，受中國人民銀行監管，在北京、上海、深圳等地建設了 6 個資料中心。

目前央行下屬 7 家機構持有中國網聯 37% 的股份，包含中國支付清算協會、螞蟻金服（支付寶）、財付通在內的 29 家第三方支付機構持股共63%；這些機構共同出資 20 億元，建設了中國網聯，其中，螞蟻金服（支付寶）和財付通的最後持股比例均為 9.61%。

4.4.1 中國網聯的歷史

2002 年，在支付企業還沒有第三方支付的概念，網銀支付也處於萌芽狀態。中國銀聯專注於自己的專業領域，例如 POS 機支付、金融卡標準及交易轉接和清算業務。2004 年，淘寶網想連線中國銀聯支付閘道進一步實現線上支付，在未獲得中國銀聯支援後，馬雲成立了支付寶網路技術有限公司（後簡稱支付寶）來支撐線上的支付請求量。此時支付寶採用的是支付機構與銀行間的直聯模式，直聯的銀行為中國工商銀行西湖分行。

隨著線上業務和行動網際網路社交的發展，第三方支付機構和支付業務遍地開花，使用者線上線下購物進行交易付款時，可選擇各家支付機構的付款碼（微信、支付寶等）並向商戶出示，即可完成支付付款。在中國網聯成立之前，這些採用的都是直聯銀行模式，如圖 4-10 所示。

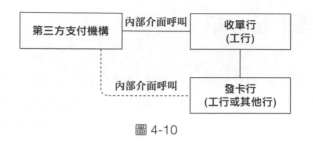

圖 4-10

第三方支付機構開發自己的支付系統,連線商業銀行的 API,實現與銀行收單系統對接,這裡分兩種情況:

(1)若發卡行(顧客帳戶或金融卡)與收單機構為同一家銀行或機構,則在顧客帳戶與商戶帳戶之間進行內部交易結算;

(2)若發卡行(顧客帳戶或金融卡)與收單機構不為同一家銀行或機構,則透過自己的支付系統進行轉接清算,發卡行透過 API 從使用者帳戶中扣除相關交易款項,再由發卡行透過中國銀聯或央行小額支付系統將錢轉交到收單機構的商戶帳戶中。其中有關第三支付機構在銀行中備付金帳戶的相關操作,這裡不再詳細說明。

在上面的直聯銀行模式中,部分交易流水沒有經過中國人民銀行,中國人民銀行無法獲知真實的交易情況並掌握資金流向,也就無法對交易進行有效的金融監管,所以出現了很多影子銀行、洗錢業務等,越來越多的公司或企業在利益的驅使下進入支付企業,成為第三方支付機構。到 2016 年年底,據電子商務資料監測報告,電子商務交易額達 22.97MB 元,其中,B2B 市場交易規模達 16.7MB 元,網路零售市場交易規模達 5.3MB 元,生活服務電子商務交易規模達 9700 億元,已經對國民經濟產生了極大的影響。

中國人民銀行為了整頓這一亂象,以及實現交易資料監管和巨觀經濟調控,由央行清算總中心主導成立了中國網聯,發佈《中國人民銀行支付結算司關於將非銀行支付結構網路支付業務由直聯模式遷移至中國網聯平台處理的通知》，並責成第三方支付機構從 2018 年 6 月 30 日起，支付機構與銀行原有的直聯模式全部切斷，網路支付全部透過中國網聯轉接清算。

4.4.2　備付金

備付金通常指支付機構的客戶備付金，依據《支付機構客戶備付金存管辦法》的解釋，客戶備付金指支付機構為辦理客戶委派的支付業務而實際收到的預收待付貨幣資金。

對於備付金的定義有兩個明顯的特徵：實際收到和預收待付。只有同時滿足這兩個特徵的才叫作備付金。其中不屬於預收待付和雖然屬於預收待付但未實際收到的資金（即在途資金）均不屬於備付金。

實際收到，通常指支付機構收到客戶資金並入帳到支付機構內部的支付系統中、銀行收到備付金、實際收到資金、收到客戶劃轉備付金不可取消的支付指令等。

備付金主要解決了早期第三方支付機構吸收客戶的資金被挪用、佔用（吃利息、非法理財）的問題。中國人民銀行為了確保客戶（消費者）的權益，同時為了維護金融市場秩序的穩定，加強了對第三方支付機構資金的監管。

第三方支付機構的備付金主要儲存在備付金銀行或中國人民銀行。

備付金銀行的特點是業務能力足夠強大，資金雄厚，具備監督管理支付機構的備付金能力和災難恢復應急恢復能力。它包含兩種類型：存管銀行和合作銀行。

■ 存管銀行：可辦理跨行收付業務，負責對支付機構儲存在所有備付金銀行的備付金進行收集、核對與監督。

■ 合作銀行：指可辦理客戶備付金的收取和本銀行支取業務，負責對支付
機構儲存在本銀行的客戶備付金進行監督的備付金銀行。

支付機構會在備付金銀行開立備付金專用存款帳戶，主要用於專款專戶儲
存備付金的活期存款帳戶，其中包含備付金存管帳戶、收付帳戶和匯繳帳
戶。

支付機構在同一個省（自治區、直轄市）只能開立一個備付金存管帳戶。

2018 年年初，央行發佈《中國人民銀行辦公廳關於調整支付機構客戶備付
金集中交存比例的通知》，將支付機構的客戶備付金存管繳存比例，從目
前的平均 20% 上調至 50% 左右。

4.5 中國網聯的業務

中國網聯是支付寶和財付通等非銀行第三方支付機構和銀行等金融機構之
間的橋接層。中國網聯不直接開展支付業務，只轉接支付業務，包含交易
處理（簽解約協定支付、付款、退款等）、清結算（資金清結算）、對帳
（帳務核對核算）、差錯處理（業務差錯處理和封包差錯處理）4 種類型。

下面主要說明中國網聯與非銀行第三方支付機構和銀行之間的通訊封包結
構、傳輸方式、關係和業務等。

4.5.1 通訊關係

中國網聯是連接商業銀行與非銀行支付機構的平台，有關業務逐筆發送、
定時軋差、定時清算，主要處理與第三方支付機構相關的銀行間清算業
務，包含客戶透過支付機構發起的業務及相關業務如協定支付、簽約、解

約、提現、支付、查詢、退款、交易號查詢等（更多的業務例如身份認證等不在此描述之列），如圖 4-11 所示。

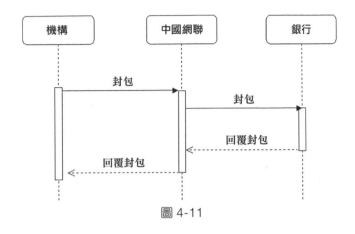

圖 4-11

與中國網聯密切相關的是支付機構，在這個機構裡面包含銀行（商業銀行）和經中國銀產業監督管理委員會批准獲得支付業務授權的非銀行支付機構（支付寶、微信），以及其他獲准連線系統的相關第三方支付企事業單位或組織機構。

4.5.2 通訊封包

中國網聯與第三方支付機構系統、銀行交易引擎之間的通訊協定叫作 EPCC 協定（instpay 封包或 sgw 封包），是一種結構化的資料體，使用 XML 進行描述。

在電腦系統和網路中，標記指電腦能了解的資訊符號，透過這種標記，電腦之間可以處理各種資訊例如文章等。XML 可以用來標記資料、定義資料類型，是一種允許使用者對自己的標記語言進行定義的來源語言；並且非常適合網際網路傳輸，提供了統一的方法來描述和交換獨立於應用程式或供應商的結構化資料，是網際網路環境中跨平台的、依賴於內容的技術,也是當今處理分散式結構資訊的有效工具。早在 1998 年,W3C 就發佈了 XML 1.0 標準,使用它來簡化網際網路的文件資訊傳輸。

封包透過 HTTPS 資料流程在中國網聯、第三方支付機構及銀行之間進行流動。

格式如下:

```
<?xml version="1.0" encoding="utf-8"?>
<root xmlns="pay">
  <MsgHeader>
     封包頭描述資訊
  </MsgHeader>
  <MsgBody>
     報文體資料
  </MsgBody>
</root>\r\n
{S:
簽名資料
}
```

封包頭被儲存在 MsgHeader 標籤中,其中主要是封包產生時間、封包編號、發起方所屬機構標識、封包方向、簽名序號、加密序號及數字信封。

報文體 MsgBody 儲存業務資訊資料。

簽名資料 "{S:" 是將頭部資料進行雜湊演算法計算,然後使用發送方的非對稱私密金鑰進行加密,並且在 Base64 編碼之後產生的。

封包大致可以分成以下幾種。

- 申請封包:向服務提供方申請相關的業務內容,例如:協定支付申請封包就是從第三方支付機構向中國網聯申請協定支付,然後轉發封包到付款行和收款行。

- 回執封包：服務提供方針對申請方申請的業務內容進行回覆。例如：協定支付中的付款行將交易資訊回覆給中國網聯，中國網聯收到回覆後，再轉發封包給第三方支付機構。
- 跳躍封包：用於平台將封包跳躍到其他參與方（銀行或金融機構）。
- 通知封包：用於服務提供方完成相關業務操作時，通知發起方非同步作業的回應和訊息的到達。例如：閘道支付狀態的通知是由中國網聯在支付完成之後將支付訂單資訊和訂單狀態通知給第三方支付機構的。

4.5.3 業務封包

網聯業務主要有關如表 4-3 所示的幾大封包。

表 4-3

封包名稱	封包方向	簽名	對帳
身份認證及簽約申請封包	支付機構→平台→銀行	是	否
身份認證及簽約回執封包	銀行→平台→支付機構	是	否
商業委派簽約申請封包	支付機構→平台支付機構→平台→銀行	是	否
商業委派簽約跳躍封包	平台→支付機構→銀行	是	否
商業委派簽約通知封包	銀行→平台→支付機構	是	否
解約通知封包	支付機構→平台→銀行	是	否
解決申請封包	銀行→平台→支付機構	是	否
協定支付申請封包	支付機構→平台→銀行	是	是
銀行驗證支付申請封包	支付機構→平台→銀行	是	是
銀行驗證支付提交封包	支付機構→平台→銀行	是	是
閘道支付申請封包	支付機構→平台	是	是
閘道支付跳躍封包	平台→支付機構→銀行	是	是

封包名稱	封包方向	簽名	對帳
閘道支付狀態通知封包	銀行→平台	是	是
退款申請封包	支付機構→平台→銀行	是	是
付款申請封包	支付機構→平台→銀行	是	是
交易回執封包	銀行→平台→支付機構	是	是
協定支付終態通知封包	平台→支付機構（銀行）	是	是
銀行驗證支付終態通知封包	平台→支付機構（銀行）	是	是
閘道支付終態通知封包	平台→支付機構（銀行）	是	是
退款終態通知封包	平台→支付機構（銀行）	是	是
付款終態通知封包	平台→支付機構（銀行）	是	是
差錯提交申請封包	支付機構→平台→銀行	是	否
差錯提交回執封包	銀行→平台→支付機構	是	否
交易狀態查詢申請封包	支付機構→平台	是	否
交易狀態查詢回執封包	平台→支付機構	是	否
非正常終態查詢申請封包	支付機構→平台→銀行	是	否
非正常終態查詢回執封包	銀行→平台→支付機構	是	否
交易詳情查詢申請封包	平台→支付機構	是	否
交易詳情查詢回執封包	平台→支付機構	是	否
差錯狀態查詢申請封包	支付機構→平台	是	否
差錯狀態查詢回執封包	平台→支付機構	是	否
商業委派查詢申請封包	支付機構→平台→銀行	是	否
商業委派查詢回執封包	銀行→平台→支付機構	是	否
通用回應封包	平台→銀行	是	否

4.5.4 傳輸方式

中國網聯與第三方支付機構、銀行之間的封包採用 HTTPS 進行傳輸，傳輸的目標位址由中國網聯分配。

另外，若需要下載和傳輸帳務對帳檔案，則採用 SFTP 進行傳輸，造訪網址或連線方式由中國網聯分配。

4.5.5 交易系統

第三方支付機構透過支付系統與中國網聯通訊，其交易系統的核心在於交易引擎（涵蓋下單、交易、轉帳等環節），通常由單實例的中心引擎控制整個規則流程、資料流程和訊號流的走向。

整個交易系統的資料流程由業務系統（第三方支付機構或商業銀行）輸入和驅動，進入交易引擎（主要由交易規則、交易流程組成），上層業務分為資金處理、帳務處理、訊息通知及收費處理四大業務，如圖 4-12 所示。

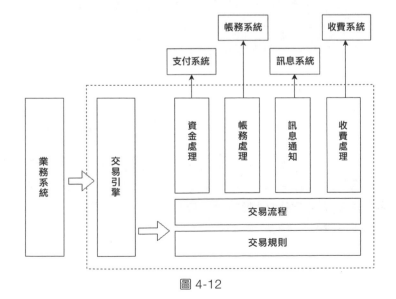

圖 4-12

交易流程包含以下環節。

（1）下單：填寫、下單。
（2）履約：正向履約，例如支付、出貨等。
（3）帳務處理：退款、優惠。
（4）管理：訂單管理、使用者介面。
（5）訊息通知：通道通知、處理結果通知。

1. 交易流水號

交易流水號是交易引擎中的唯一標識，在單據資訊裡面十分重要。第三方支付機構與銀行發起簽約類別、支付類別及差錯類別業務時，中國網聯會為每筆業務都分配當日唯一的交易流水號，31 位，其交易流水號組成規則如下：

- 8 位日期 + 16 位序號 + 1 位預留位 + 6 位控制位；
- 8 位日期，為系統目前時間，ISODate 格式為 yyyymmdd；
- 16 位序號，由參與者產生，參與者應確保該值在本機構內當日唯一；
- 1 位預留位，由平台分配；
- 6 位控制位，由參與者透過平台取得。

2. 協定（簽約）支付

協定支付也叫作一次性驗證，指可多次免密支付、直接劃扣款的業務。

協定支付業務指使用者透過第三方支付機構提交協定支付（簽約過程），由支付機構透過此封包向支付平台發起協定支付申請，該平台在受理成功之後透過此封包向付款行（發卡行）轉發協定支付申請，由付款行完成協定支付的付款處理。

若付款行處理成功，則平台透過此封包非同步向收款行發起協定支付申請，由收款行完成協定支付收款處理。使用者在消費（例如共用單車的小額免密支付、電視頻道商的內容包月扣款）或付款時直接輸入商戶連結帳戶的支付密碼即可完成付款。

以商戶 App 為例，協定支付的主要流程如圖 4-13 所示。

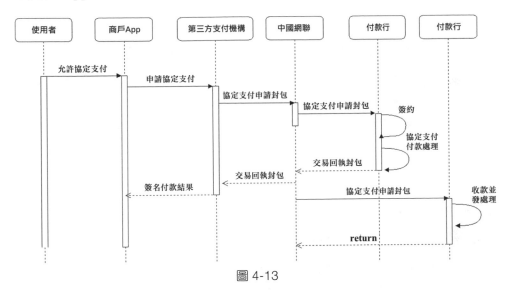

圖 4-13

該流程如下所述。

（1）使用者透過商戶 App 付款時，商戶 App 會提醒使用者是否需要開通免密協定支付。

（2）如果使用者點擊「同意協定並開通」按鈕，則表示簽約協定支付流程開始；

（3）商戶 App 會透過第三方支付機構的 SDK 或 API，向第三方支付機構發起協定支付申請，此時還會檢查申請封包是否符合標準 EPCC 協定。

（4）第三方支付機構將協定支付申請，轉換成標準的 instpay 封包或 sgw 封包協定發送到中國網聯。

（5）中國網聯在收到封包之後發送封包給付款行（付款行指信用證上指定承擔付款責任的銀行，通常是開證行（或開戶行），也可能是根據信用證規定由開證行指定的另一家銀行），進行協定簽約和協定支付的付款處理（可能沒有付款）。

（6）付款行將交易回執封包傳回給中國網聯。

（7）中國網聯在收到封包之後，一方面將交易資訊和處理結果傳回給第三方支付機構，一方面將協定支付申請封包發送給收款行（商家所在的簽約行）。

（8）第三方支付機構將協定支付訊息回呼給商戶 App，商戶 App 在收到支付結果後，會將其在使用者介面展示，這樣完成了協定支付的整個流程。

3. 解約規則

在協定支付簽約之後，如果使用者不想再透過協定支付，則提供一個解密的對等操作就可以解除之前的協定支付，解約動作包含兩個封包（解約申請封包和解約通知封包），資料流向是商戶→第三方支付機構→中國網聯→商業銀行。

基本流程：使用者發起解密操作，透過商戶 App 向第三方支付機構發起解約協定支付請求，該請求被透過 EPCC 協定傳給付款行，付款行在解密操作完成之後，將結果訊息傳回給中國網聯中心，並且同步發送給收款行操作「解約」扣款，最後通知商戶 App 將解約結果展示給使用者。

點擊「關閉服務」按鈕即可解除之前的協定支付，使用者下次再進行支付活動時就需要重新驗證了。

4. 提現規則

提現一般指使用者將屬於自己的資產分析成現金（金融卡資金）。使用者通常在支付寶錢包和微信零錢包中操作提現，這時是在第三方支付對公帳戶中分析屬於使用者的一部分資金（可提現的），使用者會看到自己帳戶對應的餘額數字減少。

支付寶、微信（財付通）在對應的備付金存管銀行（你要提現到的金融卡的銀行）將備付金帳戶扣減一筆錢，然後將錢轉到使用者的金融卡上（從對備付金帳戶轉到使用者的金融卡帳戶，這一般是批次處理動作，一次一批，所以會有一定的延遲時間）。

提現業務在本質上就是一筆資金的代付交易，基本時序流程如圖 4-14 所示。

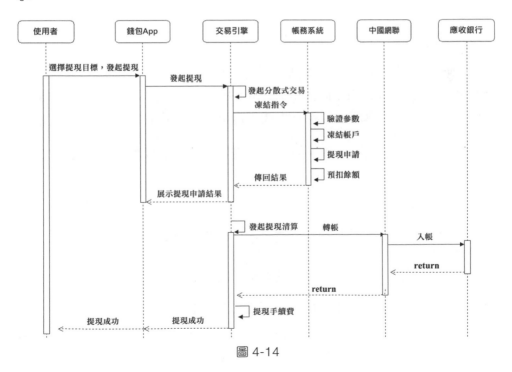

圖 4-14

其流程大致如下。

（1）提現申請：使用者向第三方支付機構發起提現轉帳指令。

（2）提現受理：使用者資金符合第三方支付機構的提現條件，支付機構的閘道受理使用者的提現請求。

（3）提現清算：提現成功，銀行將傳回提現清算檔案，並在內部結算相關提現手續費等。

除了提現成功，也存在提現失敗等情況。

- 提現失敗：銀行傳回受理失敗（金融卡資訊驗證不通過、風控等入帳條件不滿足等）。
- 提現退票：銀行帳戶入帳失敗，導致資金退回第三方支付機構（退回備付金帳戶或網銀轉帳）。

5. 退款規則

允許使用者對未完成（處於售前、售中狀態）的訂單退款，主要是為了處理和緩和交易雙方的糾紛與矛盾，通常與退款原因結合，可以讓商戶更多地了解退款的比例與原因，進一步改進產品品質和服務。

這裡只說明第三方支付機構、中國網聯及退款銀行之間的互動行為。

使用者透過第三方支付機構的 App 或商戶 App 發起退款動作，第三方支付機構透過退款封包向中國網聯發起退款申請，平台受理並透過此封包向退款行轉發退款申請，由退款行完成退款相關的處理，如圖 4-17 所示。

該流程大致如下。

（1）退款申請：使用者（商戶）向第三方支付機構發起退款指令。

（2）退款受理：使用者資金符合第三方支付機構的退款條件（一般與訂單系統進行互動），支付機構的閘道受理退款請求。

（3）退款清算：退款成功，退款行將傳回復款清算檔案。

除了退款成功，也存在退款失敗、退款退票的情況。

■ 退款失敗：銀行傳回受理失敗（金融卡資訊驗證不通過、風控等入帳條件不滿足等）。

■ 退款退票：銀行帳戶入帳失敗，導致資金退回付款行（退回備付金帳戶或網銀轉帳）。

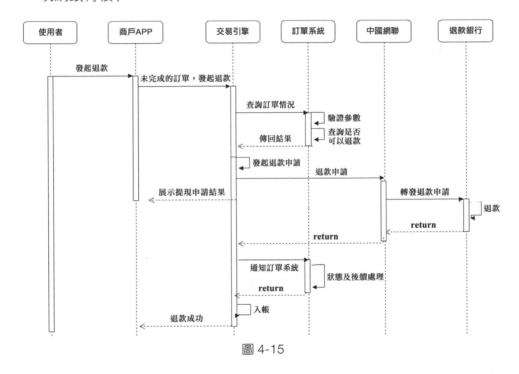

圖 4-15

6. 付款規則

使用者透過商戶 App（或第三方支付機構的錢包應用）發起付款交易（支付），商戶或錢包 App 都將付款指令發送給交易引擎，由交易引擎建置 EPCC 協定中的付款申請封包，並遞送給中國網聯，中國網聯在受理完成之後，將此封包發送到付款行申請付款，由付款行完成付款處理。

若付款行處理成功,則將傳回交易回執給中國網聯,中國網聯在接收到交易回執反向收款行發送付款申請封包,由收款行完成相關收款入帳處理,並傳回交易回執封包給中國網聯。這時這份交易回執被轉發到交易引擎,由第三方支付機構或商戶 App 展示付款結果及付款資訊給使用者。

付款時序流程如圖 4-16 所示。

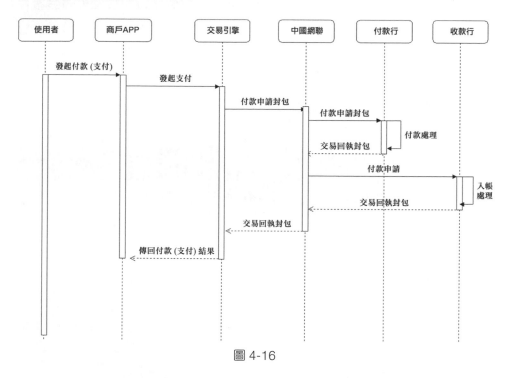

圖 4-16

4.6 支付通道與路由

前面介紹了支付寶、簡訊、銀聯卡和中國銀聯全通道等支付方式(都屬於支付通道),這些支付方式的提供,對使用者來說,能幫助其選擇自己喜歡的支付方式(例如:使用信用卡積分的人可能經常使用信用卡進行支付；儲蓄帳戶裡面沒有餘額的年輕人可能更偏向於使用支付寶的花唄、微信支付的微粒貸支付方式）；對第三方支付機構來說，能幫助其提供費率與體驗最佳平衡的支付方式推薦。例如：在這個過程中，支付系統營運人員會依據商業邏輯方面的利益最大化選擇性地連線支付通道與交易路由策略。

> **注意**：大型商業銀行的費率與民營銀行的費率是不一樣的，一般在同等穩定、品質的兩個通道上，哪個支付通道省錢就採用哪個支付通道。

多管道路由主要是為了提供給使用者豐富的支付方式、體驗、交易成功率及平台費率產生的收益。融合支付收銀台一般會融合許多支付通道（例如：通用的第三方支付機構支付寶、微信；銀行通道工、農、中、建網銀；電信業者的簡訊支付和充值卡；遊戲廠商的虛擬幣等），在不同的通道具有不同的費率、交易成功率、交易速度及通道穩定性，這就決定了支付系統要提供一個多管道管理和路由的機制，在支付過程中給使用者提供一條最佳的支付選擇路徑，如圖 4-17 所示。

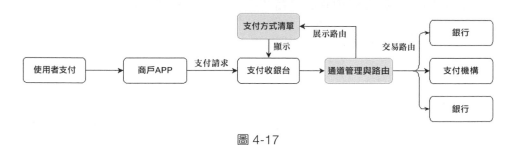

圖 4-17

從圖 4-19 來看，融合支付整合了銀行和第三方支付機構的各種支付方式，怎麼顯示支付方式和選擇交易通道都是由通道與路由這個重要模組來完成的，其中主要包含通道管理、展示路由和交易路由。

4.6.1 通道管理

支付通道,也叫作交易通道,顧名思義就是支付平台上支援使用者支付和交易的通道,這些支付通道幫助使用者完成交易金額的支付,並且支援平台與銀行之間的交易互通、認證及帳務結算。目前的支付平台一般會對接多家支付通道,例如:支付寶、微信、銀行直連、電信業者、第三方代理(易寶)等,按其功能來分有支付通道、收款通道、跨境通道及代收通道等。

主流支付通道有銀行直連和銀行間聯兩種。

(1)銀行直連。從字面上了解就是直接對接銀行 API,支付介面是直接和銀行 API 做系統連接的,其功能如認證支付、清算對帳和資金劃轉都是和銀行直接進行的,介面受到銀行的直接監管。例如:中國建設銀行的支付通道(通道)就有支付扣款介面、退款介面、交易狀態查詢介面及清算檔案傳輸等。

(2)銀行間連。銀行間連指第三方支付機構的收銀台不直接對接銀行自己的介面,而是透過中間的平台(中國銀聯、中國網聯等)建立聯繫。

通道的屬性如表 4-4 所示。

表 4-4

屬性名稱	備註資訊
通道名稱	用於備註和解釋通道的資訊,一般是支付機構＋支付方式,例如工商銀行 _WEB 支付
所屬支付機構	通道所屬的支付機構,包含商業銀行、第三方支付機構,一般由機構程式＋機構名稱組成
支付方式	通道支援的支付方式
通道標識	通道的唯一識別碼

屬性名稱	備註資訊
通道介面	通道的介面位址
設定參數	呼叫通道介面所需要的設定參數，主要是支付平台向銀行和支付機構申請的設定參數
通道費用	交易流經通道所需要的手續費率，包含固定費率、單筆固定費用、階梯費率
通道配額	單筆或每日交易限定交易額度，包含交易金額的上限和下限值，通常對銀行有配額
QOS 管理	透過自己監測系統產生的服務情況，包含交易平均延遲、支付成功率、錯誤率
通道屬性	支援對公、對私業務屬性
通道貨幣	支援的貨幣類型
通道狀態	目前時間節點上通道的狀態情況，有些通道有限時維護的情況
通道帳戶	支援的帳戶類型，例如銀行的 I、II、III 類帳戶
簽約情況	該通道的協定和簽約情況
結算週期	即時結算、T+1 結算
到帳時效情況	包含即時到帳、T+1、2 小時內到帳
支援終端類型	是否支援 POS 機、行動手機、Web 及應用程式等

路由的基礎就是多管道，如果只有一個通道，也就談不上什麼管理和路由了。

4.6.2 展示路由

展示路由也叫作支付方式展示路由，是支付收銀台前端支付方式的展示和啟動，啟動使用者使用某種支付方式，是工商銀行、支付寶還是微信支付，並且決定了收銀台介面上支付方式的顯示和排序。

啟動路由依賴於啟動規則的過濾與選擇，例如：使用者最近一次使用過的支付方式、行銷活動啟動路由等。

4.6.3 交易路由

啟動使用者進入某一種支付方式之後，支付系統會在多個支付機構中進行交易路由，選出最佳、最適合它的交易路徑。

其實一種支付方式與多個目的機構相連結，一種支付通道又可支援多種目的機構的支付，一個目的機構可同屬於多種支付通道。這是一種比較複雜的連結關係。

通道對接流程如下：

（1）從商務與通道簽約並生效起，支付方式與目標通道機構就會連線支付系統中；
（2）目的機構會將相關的參數、設定提供給支付系統開發人員進行通道對接；
（3）對接完成之後，支付方式會與目的機構形成對應的關係。

一筆交易路由的流程如下：

（1）使用者在支付收銀台中選擇支付方式；
（2）支付方式會比對到對應銀行的機構編碼（例如：使用者選擇快速支付，支付金融卡為農行的金融卡，則會比對到農行的機構編碼）；
（3）根據支付的機構編碼、金融卡屬性（貸記 / 借記）、對公 / 對私、支付金額（在通道配額範圍內），支付發起終端屬性（如 WAP、App、Web 等），比對對應的支付通道；
（4）若比對到多個通道，則根據優先順序設定選擇優先順序高的通道完成支付。

帳務系統

在 說明帳務系統之前，先說明什麼是記帳。

記帳的歷史可追溯到古代，我們的祖先在很早以前就會透過結繩記事來記錄實物和部落的收穫。隨著社會和生產力的發展，結繩記事已經不能滿足人們記錄的需求了，現代社會活動中人們需要記錄的物品種類也越來越多，看待財產的角度也多種多樣：在日常生活中有消費流水的記帳，在企業經濟經營活動中有成本、收入與利潤的記帳，還有銀行和金融機構交易過程中資金流水的記帳。

如果按以上記帳類型來分類，則可以把記帳分為以下三種。

（1）以個人、家庭流水記帳為主體的個人財務軟體。在行動網際網路高速發展的今天，有大量的個人、家庭財務應用湧現，例如：網易出品的網易有錢 - 專業記帳管錢應用就是一個隨手記帳的理財應用，可以全面管理個人資產，主要功能覆蓋記帳、理財、消費券管理、欠還款日程管理、資產管理、自動記帳、投資理財、消費管理、快速記帳等，同時支援雲端資料自動同步和帳單報表統計。支付寶也附帶記帳功能，例如支付寶年度帳單、消費記錄等。

（2）以中小企業經營活動為主體的財務系統。這種系統發展得非常成熟，主要以用友帳務軟體和金蝶財務管理平台為代表，一般適用於中小企業經營活動，部署在企業私有雲、公有雲或單機上，基本覆蓋中小型企業財務管理的幾大環節：帳務管理、固定資產管理、人力資源成本核算、薪水管理、出納管理、經營分析與統計報表。這種系統主要為企業決策者、股東提供企業財務健康度評估、經營活動決策、成本控制與利潤分配等相關資料支撐。

（3）以商業銀行、金融機構、第三方支付機構為代表的帳務系統。這種系統與前面兩種有較大區別，以帳戶為中心來記帳，需要支援巨量帳戶數量和帳務資料的核對、核算，同時需要有較強的安全性、設計性和災難恢復處理性等。

本章主要以第 3 種類型來說明帳務系統的概念、業務流程和系統實現。

5.1 帳務系統的概念

帳務系統，從概念上來講，指專門用於帳務處理的電腦軟體系統，也是銀行資訊化建設的核心之一。第三方金融（支付）機構的帳務系統常常參照商業銀行的帳務系統標準來設計，涵蓋記帳、對帳及核算三大主要功能。

銀行或第三方支付機構的業務系統常常需要使用者的資金資料進行核算，將處理結果整理並產生憑證送往帳務系統進行統一處理。帳務系統充當虛擬貨幣的銀行角色，銀行資金管理系統則管理著真實的貨幣。

帳務系統的主要功能是如實記錄有關資金變化的資訊流和資金流，透過記帳、對帳、核算等來識別帳目之間的差異，保障帳戶的內外部（銀行、帳戶餘額）同步，通常有關會計科目、帳戶等模組。

如圖 5-1 所示是一個使用者的支付動作業務流程圖，可以看到，記帳與對帳始終貫穿了整個業務流程，大致分成以下幾步驟。

（1）使用者在商戶 App 或網站上選擇商品並支付、結算。

（2）商戶系統的服務端將支付請求發出去，支付資料流經過使用者、商戶（裝置）、收單行（第三方支付機構、中國銀聯、商業銀行）、中國網（銀）聯，最後到達商戶發卡行帳戶（或第三方支付機構）。

（3）資金的結（清）算從支付資料流程的終點開始進行，經過發卡行、網（銀）聯中心、收單行、商戶系統等。

（4）商戶的帳戶收到錢。

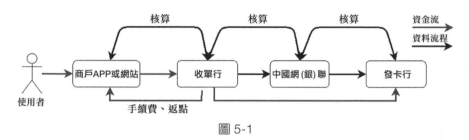

圖 5-1

其中，帳務系統造成非常重要的作用，它在發卡行、中國網（銀）聯、收單行、商戶系統等角色之間對支付金額、手續費、優惠金額（分潤過程）進行記帳、核對，最後對各方的資金、利潤進行核算和分配，再透過資金平台系統或收付介面將對應數量的資金分別轉入以上角色的相關資金帳戶。

5.2 帳戶

要談帳務記帳，必談帳戶，第三方支付機構、金融機構和商業銀行的帳務系統都是以帳戶為中心的。帳戶實質上是一種憑證，可將其歸結為資產、負債、所有者權益、收入、費用和利潤等 6 個會計要素。

5.2.1 帳戶分類

帳戶按照功能來分，可以分成以下幾種，如圖 5-2 所示。

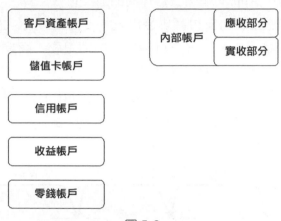

圖 5-2

（1）客戶資產帳戶：指使用者在支付系統中用於交易的資金所有者權益的憑證，專門為客戶提供資產管理服務，主要用於資金的收付款活動，其中包含客戶的餘額，也叫作餘額帳戶或支付帳戶。

（2）零錢帳戶：也叫作消費帳戶，一般指第三方支付機構根據資金的多少和用途來劃分的一種帳戶，例如支付寶和微信支付系統中使用者的零錢帳戶，該帳戶通常用於日常開支和消費，將部分資金放在零錢帳戶裡不使用時，支付機構會按理財利率計息，自動賺取對應的收益。

（3）儲值卡帳戶：可大致分為銀行儲值卡帳戶和會員儲值卡帳戶。銀行儲值卡帳戶通常代表存款（活期或定期儲蓄）帳戶；會員儲值卡帳戶通常是會員的充值帳戶，用於儲存獎勵儲值金、積分或電子優惠券等。

（4）收益帳戶：在帳戶中的收入超過支出時，收益整理帳戶代表淨收益的餘額帳戶。理財、利息的收益一般被儲存在收益整理帳戶中。在某些第三支付機構錢包裡面，這部分帳戶的餘額限制使用者提現，僅用於第三方支付機構內部的商業產品應用和線下商場消費。

（5）信用（貸記卡）帳戶：由商業銀行對符合信用等級的消費者列出信用證明，允許其在額度範圍內進行透支，最後由發卡行、商戶和持卡人共同結算。

除了以上帳戶，部分機構一般還會根據使用者的使用情況設立一個虛擬的內部帳戶與實體帳戶對應，主要用於承接應收和實收等交易操作。

5.2.2 備付金帳戶

備付金帳戶是第三方支付機構許多帳戶中最重要的，第 4 章粗略說明了備付金的概念，本節將詳細說明備付金帳戶的開立、管理和結算。

備付金有兩個重要特徵：預收代付和實際收到，如果不同時滿足這兩個特徵，就不屬於備付金。也就是說，不屬於預收代付的不是備付金，屬於預收代付但沒有實際收到的也不是備付金。對屬於預收代付但沒有實際收到資金（即在途資金）的情況，通常以到達帳戶的時間為準，這部分資金也不屬於備付金。

例如：對加油卡充值後，現金金額只轉到了我們的備付金帳戶上，我們在加油站加油時進行支付，使用的就是備付金，充值卡帳戶在加油站消費系統裡面就是備付金帳戶。

簡而言之，備付金的概念是預收（先儲存）進去，未來要代（支）付出去，備付金帳戶的連結關係如圖 5-3 所示。

如圖 5-3 所示的客戶既可以是第三方支付機構或其他金融機構，也可以是買方；如果是第三方支付機構或其他金融機構的話，則備付金主要用於收付交易使用者的資金；如果是買方的話，則備付金主要用於收付商戶的資金。

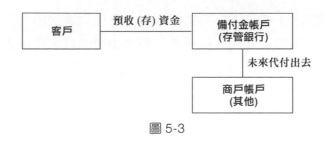

圖 5-3

1. 備付金管理

備付金管理主要由備付金存管銀行和備付金合作銀行負責。第三方支付機構在開展支付業務時，都需要在中國人民銀行下屬的分支機構開立備付金專用存管帳戶。這些為支付機構提供備付金存管服務的境內銀產業金融機構被稱為備付金存管銀行。

備付金合作銀行可以為支付機構辦理客戶備付金的收取業務和本銀行支取業務，並負責對支付機構儲存在本銀行的客戶備付金進行監督。

備付金存管銀行和備付金合作銀行之間的區別如下。

（1）支付機構在法人所在地中國人民銀行分支機構開立「備付金集中存管帳戶」（也叫作央行 ACS 帳戶），並且只能開立一個備付金存管帳戶；可以根據業務場景的需要來選擇備付金合作銀行，備付金合作銀行可以有多家。

（2）備付金存管銀行和備付金合作銀行的帳戶分立，是為了方便管理和明確監管責任。備付金存管銀行可以為支付機構辦理客戶備付金的跨行收付業務，負責歸集、核對與監督支付機構儲存在所有備付金銀行的客戶備付金資訊。

2. 帳戶開立

第三方支付機構需要在中國人民銀行本機分支機構開立對應的備付金專用存款帳戶（即備付金集中存管帳戶）。該帳戶根據用途和合作銀行的不同，分為以下三種。

（1）備付金存管帳戶。第三方支付機構在中國人民銀行開立的備付金存管帳戶，可以以現金、商業銀行轉帳、自有資金劃撥形式接收客戶備付金，並以本行轉帳及跨行轉帳形式向商戶和個人支付相關資金或費用。

（2）備付金收付帳戶。第三方支付機構在備付金合作銀行開立的帳戶，可以以現金、商業銀行轉帳（本行或跨行）、中國銀聯或網聯轉帳形式接受備付金，以本銀行資金內部傳輸形式辦理客戶備付金支取和資金調撥業務。

（3）備付金匯繳帳戶。第三方支付機構的備付金匯繳帳戶可以同時開立在備付金存管銀行和合作銀行。匯繳帳戶可以以現金、網銀轉帳或本銀行資金內部調撥形式接收客戶備付金，但不可辦理備付金支取業務。備付金存管銀行應當於每日營業終了前，將備付金匯繳帳戶內的資金全額劃轉至備付金存管帳戶或在同一合作銀行開立的備付金收付帳戶。支付機構也可以透過備付金匯繳帳戶將客戶的備付金直接退回至原資金轉出帳戶。

3. 帳戶結算

第三方支付機構只能透過備付金存管銀行辦理相關客戶委派的跨行付款業務，以及調整不同備付金合作銀行的備付金銀行帳戶頭寸[1]。支付機構在備付金合作銀行儲存的客戶備付金，不得跨行劃轉至備付金存管銀行之外的

1　頭寸：是一個金融術語，指個人、實體企業、商戶所持有的特定實物、證券、貨幣等的數量。

商業銀行，即備付金合作銀行帳戶之間不能進行資金調撥和劃轉，而且在其他不同支付機構的備付金銀行之間不得辦理客戶備付金的劃轉。

根據中國人民銀行的規定，支付機構應當在收到客戶備付金或客戶劃轉客戶備付金不可取消的支付指令後，辦理客戶委派的支付業務，不得提前辦理。

對應到以上三種帳戶的話，備付金存管、收付、匯繳三種帳戶的功能數量、使用條件不同，監管功能由強到弱。

- 備付金存管帳戶由中國人民銀行集中、統一監督和管理，功能齊全，具備本行和跨行之間收付款、自有資金劃撥、調整備付金帳戶金額等功能。
- 收付帳戶由合作銀行開立和管理，僅具備合作銀行本行的付款功能，不具備跨行轉帳功能。
- 匯繳帳戶在存管銀行或合作銀行開立，支援本行收款和原路退還業務，其資金需要日終歸零，並歸集到備付金存管帳戶或收付帳戶。

5.2.3 帳戶模型

在設計帳務系統時，需要對資產帳戶、零錢（個人消費）帳戶、儲值卡帳戶、收益整理帳戶及貸記（信用）帳戶進行帳戶建模、操作抽象和關係建立。

在記帳過程中抽象出來的帳戶屬性、關係鏈有以下幾種。

（1）帳戶編號：是客戶在商業銀行或金融機構開立帳戶時經過系統授權並給予的唯一編號。帳戶編號並不是一組隨機、無意義的數字編號，而是具有從屬關係、明顯業務分類和業務標識的一種編號。對帳戶進行科學、合理編號，有利於編制會計憑證、登記帳簿、查閱帳目等會計、稽核工作，同時便於系統和人為識別、分類、核對。

（2）帳戶餘額：指目前帳戶裡現存且未使用的貨幣數量，其中包含目前可用餘額和目前不可用餘額。例如：在日常生活中，商家為了銷售和留住顧客，給予顧客帳戶對應的折價券（不可提現金額），對於使用者提現操作來講，這部分折價券就是不可用餘額。

（3）可用餘額：指目前帳戶在目前場景、目前時刻可以使用的金額。

（4）凍結餘額：指目前帳戶裡不可使用的金額。其中有關幾種類型的凍結原因：因原子業務（轉帳操作）操作凍結資金，造成帳戶資金處於不可使用狀態；或因政策、法律、個人帳戶錯誤操作及付款停滯等原因造成帳戶資金處於不可使用狀態；因與商家簽訂對應的銷售活動協定造成帳戶資金處於不可使用狀態（例如電信業者的充值按月返現活動）。

（5）貨幣種類：指以上餘額的金融幣種屬性，餘額＋幣種＝真實價值。

（6）借貸屬性：借貸是會計企業中的術語，它表明了會計記帳的方在，也表示帳戶金額增加和減少的雙方。

在會計 T 字帳借貸[2]中：「借」表示資產、費用、成本的增加，以及負債、收入、所有者權益的減少；「貸」表示負債、收入、所有者權益的增加，以及資產、費用、成本的減少。

（7）所屬科目：指所從屬的會計科目，會計科目指對會計要素中物件的實際分類核算專案，針對會計物件的實際內容，科目設定不同，而且不同企業對科目的設立也不盡相同。一般所屬科目設定的依據是對資金的運動[3]進

2　T 型帳借貸：金額記入其左方時叫作「借記」該帳戶，記入其右方叫作「貸記」該帳戶。
3　資金運動：包含三個基本環節，即資金的投入；資金的運用、周轉；資金的退出。

行第 3 層 [4] 劃分，按經濟內容對資產、負債、所有者權益、收入、費用和利潤等會計要素做進一步分類後的類型名稱。

（8）帳套：指對儲存會計核算物件的所有會計業務資料檔案的一種總稱，在一個帳套裡面包含的檔案有會計科目、記帳憑證、會計帳簿、會計報表等。同時，它是一組相互連結的資料，每個獨立核算的企業都有一套相互連結的帳簿系統，把這套完整的帳簿系統建立在電腦系統中就叫作一個帳套，一般來講一個企事業單位或公司只會用到一個帳套，但如果在一個大型的集團公司中有幾個獨立核算的下屬實體子公司，就可以建立多個帳套。

5.3 記帳

記帳指將在一個企事業單位、個人、家庭中發生的所有經濟業務，運用一定的會計記帳方法在帳簿上進行記錄。對記帳的專業解釋，就是根據審核無誤的原始憑證及記帳憑證，按照國家統一會計制度規定的會計科目，將經濟業務運用複式記帳法有時序地、分類地登記到帳簿中。

5.3.1 記帳方法

記帳方法可以分成單式記帳法和複式記帳法，複式記帳法又可分成借貸、收付、增減三種類型。

（1）單式記帳法是一種比較簡單的記帳方法，指在會計核算中對每一項經濟業務都只進行單方面的、不完整的記錄記載，通常只在一個帳戶記一筆

4　資金運動的第 1 層為會計物件，第 2 層為會計要素，第 3 層為會計科目。

收支帳，一般只登記現金的收支和借、貸等事項（部分也登記實物的收、付），其登記帳目較多、手續單一，但在帳戶設定和記錄上是不完整的，不能全面反映支付過程中業務行為的來龍去脈，也不便於檢查帳戶記錄的正確性。

（2）借貸複式記帳是從單式記帳法發展起來的一種比較完整的記帳方法，比其他兩種複式記帳法更常用，也叫作複式記帳憑證。與單式記帳法相比較，其主要特點：對每項經濟業務都以相等的金額在兩個或兩個以上相互聯繫的帳戶中進行記錄（也叫作雙重記錄）；各帳戶之間客觀上存在對應關係，對帳戶記錄的結果可以進行試算平衡[5]。

與單式記帳法相比，借貸複式記帳法透過交易雙方各自的角色進行記帳，能更好、更真實地反映交易關係，也表現了交易雙方資金運動的內在規律。每個交易角色各自記帳的帳本都是完整的，例如：針對一筆支付，第三方支付機構有自己的帳，銀行也有自己的帳，都能各自輸出自己的記帳流水和帳務資料。每個交易角色都能以自己為基礎的帳務資料進行獨立核算，在核算階段也可以對整條交易鏈路進行核算。所以，借貸複式記帳法能夠較為全面、系統、真實地反映交易雙方資金流水的增減，並有助檢查帳戶、處理帳務和保障帳務流水記錄結果的正確性。

5.3.2 方案選擇

在什麼情況下採用單式記帳法，以及在什麼情況下採用借貸複式記帳法呢？這可能是難以抉擇的事情，下面就說明這兩種方法的使用場景。

5　試算平衡：對所有帳戶的發生額和餘額的整理、計算和比較，是檢查帳務記錄是否正確的一種方法。

對於那些規模小、記錄交易較雜、業務少的企事業單位、個體商戶、小型商店、家庭或個人日常開支開說，如果只要求掌握現金流水、實物、花費等少數專案的增減情況，則採用單式記帳法就可以了。

在業務規模大和流程較煩瑣的企業或事業單位中則不宜採用單式記帳法。

採用單式記帳法無法進行資產、負債、所有者權益的帳務平衡檢查。依據會計平衡公式「資產 = 負債 + 所有者權益」，對一個會計主體來說，有多少資產，就有多少負債加所有者權益（所有者權益是企業資產扣除負債後，由所有者享有的剩餘權益，也叫作股東的權益）。

再例如對於使用者充值業務，在第三方支付機構的帳務系統中採用借貸複式記帳法，交易一方（使用者所在的電信業者話費帳戶）的話費餘額增加，第三方支付機構在央行的備付金餘額同時增加，在日終時進行總帳平衡檢查，第三方備付金充值存款科目餘額等於使用者話費餘額（不考慮第三方支付機構的手續費，換來的是使用者在電信業者內部系統的通話使用權益）。

如果採用單式記帳法，則對一筆充值業務來說，只記錄使用者話費餘額的增加，不記錄銀行存款的減少。採用單式記帳法時，無法針對雙方帳務進行平衡、核對和核算，無法針對使用者（電信業者帳戶）、第三方支付機構、使用者銀行帳戶提供對應的帳單。

在日常財務處理工作中，財務人員也用銀行存款科目餘額與銀行對帳單進行核對，出具餘額調節表（餘額調節表由銀行在會計期末寄給企業，可作為銀行存款科目的附列資料[6]），來核對與銀行對帳單的差異。

6　附列資料：帳務會計使用的專業名詞，一般指從屬於財會正表、正文的附加或補充材料。

所以，根據真實的交易業務場景模型，第三方支付機構的帳務系統也應該採用複式記帳法來記帳。

5.3.3 觸發記帳

記帳支援的業務類型和觸發場景如下。

- 支付：使用者發起一筆支付，第三方支付機構、中國網聯、發卡行、收單行依次受理成功，帳務系統記錄入帳流水並負責後續的資金和銀行存根核對。

- 退款：使用者發起一筆退款，第三方支付機構、中國網聯、收單行、發卡行依次受理成功或接收到退款清算檔案，帳務系統記錄入帳流水並負責後續的資金和銀行存根核對。

- 提現：商戶將第三方支付機構備付金帳戶中的錢提現到金融卡，第三方支付機構、中國網聯、發卡行依次受理成功，帳務系統記錄入帳並負責後續的資金和銀行存根核對。

- 調撥：客戶在兩個銀行間調撥資金，前提是兩個銀行都在同一套帳務系統的管理下，帳務系統主要負責核對兩個銀行的出入款和餘額。如果調撥的目標帳戶不在帳務系統管理範圍內，則其調撥模式與提現操作一致。

- 拒付：在一筆信用卡支付完成之後，買家可以在發卡行提起拒付，在拒付場景下沒有入帳流水，第三方支付機構也會收到對應的中國網聯拒付帳務清算檔案，產生機構帳務流水，進行對帳和記帳操作。

以上觸發場景都有一個共同的特點：均在資金流應收、應付發生變化時觸發記帳流程。有關觸發記帳時，在會計企業有兩種準則制度：權責發生制和收付實現制，接下來會進行詳細說明。

5.3.4 權責發生制

權責發生制，也叫作應收應付制，指以取得收取款項的權利或支付款項的義務為標示來確定本期收入和費用的會計核算基礎。

這裡透過現實場景說明權責發生制：若企業或公司與客戶之間簽訂了相關銷售訂單，可能在履行承諾或收到貨款幾個月後，在約定（簽單）時發生了權責變更，這就會觸發記帳，即權責發生制。

針對上面的場景，按會計企業的術語來講，按收入和支出權責的實際發生時間來記帳，並不考慮是否已收到或已支付款項，只解決對未來收入和費用何時予以確認，以及確認多少數額的問題。

在什麼現實場景下會用到權責發生制呢？在會計企業內（大到國家財政部，小到會計師交易所），一般規定企事業單位、政府財務需要採用權責發生制，詳細記錄企事業單位、政府內部往來、收支物件等相關資訊並即時組織核對帳務。

5.3.5 收付實現制

收付實現制，也叫作現金制或實收實付制，以現金實際收到或實際付出（強調實到實付）為標準來記錄收入的實現和費用的發生，以款項的實際收付為標準來處理經濟業務，確定本期收入和費用，是計算本期盈虧的會計處理基礎。

這裡透過一個現實場景來說明收付實現制：男女朋友之間戀愛結束並結婚成家之後有關日常生活中的柴米油鹽，經過婚前約定，男方的每月薪水必須上交，女方什麼時候收到薪水，什麼時候有收入發生，什麼時候花錢，花在什麼上面，每一項都清清楚楚、明明白白，之前權責發生制下的「空頭支票」戀愛方式將不再好用，這就是收付實現制。

收付實現制中記帳方法的好處在於計算比較簡單，也符合人們的生活習慣，但按照這種方法計算的盈虧不合理、不準確，所以《企業會計準則》規定企業不予採用這種方法。但收付實現制也有對應的應用場景，主要應用於小型企事業單位、商店、超市和個體戶等。

在現金收付基礎上，會計在處理經濟業務時不考慮預收收入、預付費用，以及應計收入和應費率用的問題，會計期末也不需要進行帳項調整，因為實際收到的款項和付出的款項均已登記入帳，所以可以根據會計帳簿記錄直接確定本期（會計期末）的收入和費用，並加以比較以確定本期盈虧。

5.3.6 即時記帳機制

即時記帳機制和緩衝記帳機制都是記帳的一種策略，在設計帳務系統時，應該考慮到帳務系統有業務操作繁忙、帳戶操作原子性和資料傳輸量大等業務特徵，所以需要針對不同的帳戶操作及日間業務高峰情況選擇不同的記帳策略。

即時記帳也叫作即時同步記帳，主要應用於個人消費帳戶或服務帳戶，在日間非業務繁忙時段，因為記帳的原子性，其操作動作有關資料庫表的鎖定和釋放，操作非常耗時。如果將即時記帳機制使用在企業的備付金收付帳戶上面，鎖定並更新操作，則將造成業務大量延遲，嚴重影響企業的正常金融業務執行、使用者體驗及支付系統的效能。

如圖 5-4 所示是同一個銀行兩個帳戶之間「轉帳」的原子操作範例。

對轉帳原子操作的流程說明如下：

（1）帳戶 A 向帳戶 B 發起即時轉帳操作，開始冪等性控制；
（2）鎖定帳戶 A 的帳戶餘額，凍結金額欄位臨時儲存轉帳金額，該轉帳額度不能再被其他任何操作使用；

（3）計算轉帳金額之後的帳戶餘額並更新帳戶 A；

（4）鎖定帳戶 B 的帳戶餘額，並將轉帳金額凍結在凍結金額欄位中；

（5）更新帳戶餘額並更新帳戶 B，解凍帳戶；

（6）產生記帳流水資料，這樣轉帳動作就完成了。

（7）計算冪等性，如果在該過程中出現任何一處錯誤，則將進行回覆操作，實際就是對凍結金額進行反向操作。

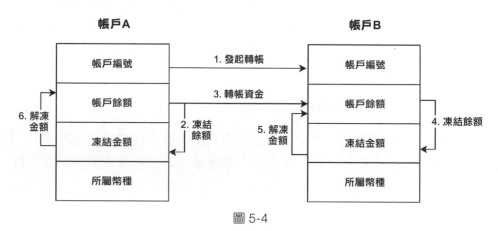

圖 5-4

從上面的操作流程圖可以看出，如果在即時記帳操作中有大量的凍結和解凍操作，則在目前的單台工業電腦系統裡面（工產業務處理量約 30 筆 / 秒）會造成大量的延遲，尤其是對內部資金帳戶或備付金收付帳戶來說，高頻次帳戶凍結、解凍及資料讀寫都會造成系統瓶頸，即時更新帳戶餘額時會出現鎖表（資料庫操作的一種獨佔式封鎖機制）的情況，導致系統無法處理或處於等候狀態，嚴重影響系統的效能。

所以必須採用其他特殊處理機制來保障系統的流暢執行，目前大部分帳務系統採用的都是緩衝記帳處理機制。

5.3.7 緩衝記帳機制

緩衝記帳指標對大量多平行處理帳務及更新請求的帳戶進行的一種特殊帳務處理，即不即時更新帳戶餘額，而是暫時將記帳資訊登記在記憶體快取區或訊息佇列中，再採用一定的機制（例如定時、日終）對一段時間內的緩沖帳務請求進行整理、記帳、核算並統一更新帳戶餘額。

緩衝記帳一般適用於第三方支付企業或平台的收付帳戶或內部資金帳戶。

5.4 對帳

對帳的本質就是處理帳務上面的平衡資產負債關係，包含兩個重要的過程：核對與核算。這兩個過程確保了帳務資料的清晰度、準確度和完整度等。

其中，清晰度可以透過會計分錄實現，透過分錄流水可以知道是什麼業務場景，以及資金是怎麼流轉的。而準確度和完整度是透過對帳保障的。

對帳核對的是帳務資料的完整性與準確性，對帳核算是對帳務資料的應收應付的最後資料結果輸出。

5.4.1 帳務核對

帳務核對是帳務處理的重要環節，主要目標是防止帳務差錯，是保障核算正確和資金安全的重要措施，並且保障帳務資料的清晰度、準確度和完整度。

其中，清晰度可以透過會計分錄來實現，透過分錄流水可以知道是什麼業務場景，以及資金是怎麼流轉的。而準確度和完整度是透過對帳保障的。對帳核對的是帳務資料的完整度與準確度，是帳務系統的一部分。

在現實生活中，在帳戶系統中包含帳實核對、帳證核對、帳帳核對這三個過程，前一個過程由「人工＋系統」自動完成，後兩個過程都由帳務系統自動完成。

（1）帳實核對，也叫作帳物核對，指在經營過程中對各種財產、物資的帳面餘額與實存數額進行資料核對。帳實核對操作在第三方支付機構的帳務系統中有關應收帳戶和實收帳戶，如圖 5-5 所示。

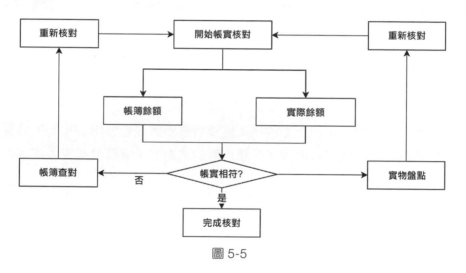

圖 5-5

（2）帳證核對，指核對會計帳簿（包含總帳、明細帳，以及現金、銀行存款日記帳）的記錄與原始憑證、記帳憑證的時間、憑證編號的內容、交易金額是否一致、借貸記帳方向是否相符。帳證核對操作在第三方支付機構的帳務系統中有關個人帳戶、備金帳戶、擔保帳戶、賠付帳戶、收益帳戶等，如圖 5-6 所示。

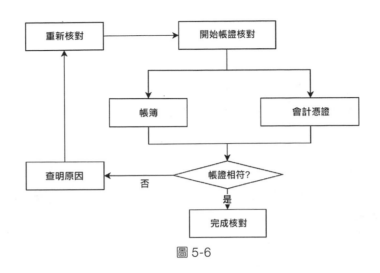

圖 5-6

（3）帳帳核對，指在各種帳簿間（帳證核對、帳實核對）根據相互關係進行核對，一般分為以下三種情況。

- 所有帳戶的本期發生額、借方與貸方之間的合計數是否相等。
- 帳戶的總分類帳戶餘額與該帳戶下各明細帳戶餘額的合計是否相等。
- 帳目與實物帳目、相關固定資產的記錄簿是否相等。

帳帳核對流程如圖 5-7 所示。

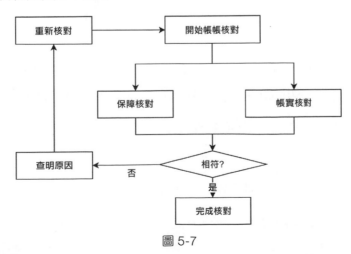

圖 5-7

5.4.2 平帳

在任何時候，帳務系統中的帳目都是平衡的，這表現在資產的恒等式上面，即「資產＝負債＋所有者權益」；在經營期間也需要遵循動態恒等式，即「資產＋支出＝負債＋權益＋收入」。平帳的基礎也是以這兩個等式進行為基礎的。

（1）資產＝所有者權益＋負債

一個企業的資產一定由企業淨資產和企業負債組成，討論企業淨資產時，指的是企業的資產減去企業負債以後的淨額度，其數量上等於企業全部資產減去全部負債後的餘額，其中包含實收現金資本、股權本金、資本公積[7]、盈餘公積[8]和未分配事實利潤等專案。

其帳目恒等式一直都是平衡的，舉例來説，如果一家企業在開辦之初投入資本 800 萬元，同時向商業銀行貸款 500 萬元購買了一條生產線用於擴大企業生產，這時其總資產額為 1300 萬元，其中所有者權益為 800 萬元，企業負債 500 萬元。經過 1 年的企業經營，產品由於品質問題導致企業的總資產縮水到了 1000 萬元，其企業負債仍然維持為 500 萬元，但根據恒等式，企業的淨資產縮水了 300 萬元，為 500 萬元。

在帳務系統中總帳及分錄帳目的計算也需要依據這個恒等式來計算，在流程中應先登記交易支付流水，然後根據各個科目類型進行會計分錄，按照分錄登記記帳明細，同時檢查借貸是否平衡，如果不平衡，則對分錄流水再進行標識計算，如此反覆細分，最後總會找到帳目不平衡的原因。

（2）資產＋支出＝負債＋權益＋收入

7　資本公積：指企業在其經營過程中由於股本溢價及固定財產重估增值等原因所累積的公積金。

8　盈餘公積：指企業從稅後利潤中分析形成的、存留於企業內部的收益累積金。

經營過程中的企業會計一般遵從上面這個公式，同時依據會計記帳規則「有借必有貸，兩者必相等」，資產、支出類型的科目期末餘額都在借方，支出類別科目一般在會計期末並結轉後帳面上無餘額。其負債、淨資產（所有者權益）、收入類別的科目期末餘額都在貸方，收入類別科目一般在會計期末並結轉後帳面上無餘額。在企業經營過程中，如果收入額不夠，就會出現虧損，收入額大於支出額才能有盈餘。

通常在帳務系統中會設定損益帳戶（Income Acount），主要用來計算計帳和對帳期間的資金盈虧情況，包含兩種帳號（收入帳戶和費用帳戶），如果實在遇到不平衡的帳目，則透過調帳（調整帳目）來使本期的帳目處於平衡狀態。

5.4.3 帳務核算

在核對完成之後會產生款項、現金和有價證券的收付，其中的款項包含現金、銀行存款及其他視同現金、銀行存款的外埠存款、銀行匯票存款、銀行本票存款、在途貨幣資金、信用證存款、保函押金和各種備用金。有價證券包含國庫券、股票、企業債券和其他債券等。款項和有價證券的收付直接影響單位資金的變化，因此必須即時進行核算。

在核算流程之後會產生應收應付分工與時間表，以及結帳任務清單。

5.4.4 日間和日終

帳務系統核算時機有兩個：日間和日終。

（1）日間：指日間交易時間，一般由資料驅動帳務系統完成記帳，帳務系統會根據不同的支付業務資料場景劃分不同的交易碼，設定分錄規則，拆分目錄，修改餘額。

（2）日終：指銀行或金融機構內業務辦理下班前。每個機構的日終時間都是不一樣的，線上上支付機構中一般為每日的最後時刻，在該時刻一般對帳務進行平衡檢查，保障帳務系統資料的一致性與準確性，產生總帳。

日終是帳務系統中一個最關鍵的時刻，主要進行以下處理。

（1）自動入帳：對於已拆分目錄而未改餘額的訂單，包含改帳戶餘額、記科目明細；對於已改餘額而未拆分錄的支付訂單，記作會計分錄流水。

（2）產生總帳：根據分錄流水產生科目總帳，將科目發生額和餘額從末級科目逐級整理到一級科目，形成帳務總帳。

（3）總帳平衡檢查。
- 發生額平衡檢查：一級科目借方發生額等於一級科目貸方發生額。
- 餘額平衡檢查：一級借方科目餘額等於一級貸方科目餘額。

（4）總分核對：總帳科目餘額為分戶帳科目餘額的整理。因為業務 24 小時不斷執行，所以分戶帳餘額不斷變化，無法準確取得期末的帳戶餘額進行核對。可以考慮用餘額快照與總帳科目餘額進行核對。

（5）稽核明細：檢查明細帳與分錄流水是否一致。對於當日發生過餘額變動的帳戶，將昨日餘額與分錄流水中的發生額進行軋差，檢查計算出的餘額與餘額快照是否一致。

5.5 技術實現

5.5.1 資料定義

從資料的角度來看，帳務系統與其他系統沒什麼區別，儲存的也是資料，只不過儲存的是帳務相關的資料，將按會計科目分類儲存。

帳務核心主要有 4 張表：分錄流水、分戶帳、明細帳、總帳。

（1）分錄流水是記帳的憑證，記錄每筆資金活動的來龍去脈，實際欄位如表 5-1 所示。

表 5-1

欄位名稱	說明	備注
TrxText	機構碼	依據 GB-11714 全國組織機構程式編制規則
TrxCUR	幣種	依據 GB/T 12406 貨幣和資金程式
TrxCode	交易碼	交易編碼
TrxDate	交易日期	交易日期
TrxID	帳務流水號	通常是交易流水號，由交易引擎產生
TrxSeq	分錄序號	會計分錄是記帳憑證的內容
Account	帳號	帳號標識
TrxFlg	借貸標示	借貸標示（借為 1，貸為 2）
TrxMenu	科目號	科目號
TrxAmount	發生額	發生額

交易編碼包含以下類型，如表 5-2 所示。

表 5-2

交易分類	交易類別	交易類別編碼
支付類別	協定支付	0110
	驗證支付	0111
	閘道支付	0112
	認證支付	0113
	委派支付	0114

交易分類	交易類別		交易類別編碼
	簽約支付		0115
	付款		0120
	退款	協定支付	0121
		驗證支付	0122
		閘道支付	0123
		認證支付	0124
		委派支付	0125
		簽約支付	0126
帳務差錯類別	差錯提交		0320
	貸記調整		0331
	借記調整		0332
	例外長款		0351
	收付調整		0360

（2）分戶帳記錄帳戶的餘額，有使用者分戶帳、商戶分戶帳、貸款分戶帳、內部分戶帳等，實際欄位如表 5-3 所示。

表 5-3

欄位名稱	說明	備註
TrxText	機構碼	依據 GB 11714 全國組織機構程式編制規則
TrxCUR	幣種	依據 GB/T 12406 貨幣和資金程式
TrxAccount	客戶號	客戶編號
TrxActCode	帳號	帳號
TrxActType	帳戶類型	帳戶類型

欄位名稱	說明	備注
TrxLastAmt	上日餘額	昨日餘額
Amount	餘額	帳戶餘額
TrxMenuCode	科目號	科目號

（3）總帳分為日總帳和週期總帳，日總帳每日產生，週期總帳由月末、季末、半年末、年末產生，記錄每個科目的期末餘額和本期借、貸發生額。實際業務要素如表 5-4 所示。

表 5-4

欄位名稱	說明	備注
TrxDate	帳期	指從訂單產生、供貨到收款支付的時間週期
TrxText	機構碼	依據 GB 11714 全國組織機構程式編制規則
TrxCUR	幣種	依據 GB/T 12406 貨幣和資金程式
TrxMenuCode	科目號	科目號
TrxAmt	上期借方餘額	上期借方餘額
Trx\Amt_2	上期貸方餘額	上期貸方餘額
Amount	本期借方發生額	本期借方發生額
Amount_2	本期貸方發生額	本期貸方發生額
TrxLastAmt	期末借方餘額	期末借方餘額
TrxLastAmt_2	期末貸方餘額	期末貸方餘額

（4）明細帳記錄每個帳戶對應餘額的變化，實際業務要素如表 5-5 所示。

表 5-5

欄位名稱	說明	備注
TrxBatch	交易批次號	交易批次號
TrxActType	付款方銀行帳戶類型	依據 GB 11714 全國組織機構程式編制規則
TrxActType_2	收款方銀行帳戶類型	依據 GB/T 12406 貨幣和資金程式
TrxId	交易流水號	交易流水號
TrxAmt	交易金額	交易金額
TrxCode	交易類別	交易類別
TrxState	交易狀態	交易狀態
TrxTxtCode	支付帳戶所屬機構標識	支付帳戶所屬機構標識
TrxTxtCode_2	付款行帳戶所屬機構標識	付款行帳戶所屬機構標識
TrxPId	付款行銀行流水號	付款行銀行流水號
TrxPBId	付款清算行行號	付款清算行行號
TrxDId	收款行所屬機構標識	收款行所屬機構標識
TrxDPId	收款行銀行流水號	收款行銀行流水號
TrxDBId	收款行清算行號	收款行清算行號
TrxRemark	交易描述資訊	交易描述資訊

其中，支付狀態如表 5-6 所示。

表 5-6

欄位名稱	代碼
交易成功	00
交易失敗	01
交易處理中	02
交易推定成功	03
交易推定失敗	04

帳戶類型如表 5-7 所示。

表 5-7

欄位名稱	代 碼
個人銀行借記帳戶	00
個人銀行貸記帳戶	01
個人銀行准貸記帳戶	02
個人支付帳戶	03
單位支付帳戶	04
對公銀行帳戶	05
備付金帳戶	06
存摺	07
其他	08

當一筆支付業務發生時，首先會產生分錄流水，然後驅動對應帳戶餘額改變，在帳戶餘額改變後，再產生明細帳。

日終時帳務系統根據分錄流水產生總帳，根據業務需要，也可以先修改帳戶餘額，然後非同步產生分錄流水，但無論是先產生會計分錄，還是非同步產生會計分錄，都要保障分錄流水與分戶帳餘額的一致性，透過對日終帳務系統的檢查來保障帳目的準確性。

5.5.2 技術實現之規則引擎

在第三方支付機構系統中，帳務系統是一個非常繁忙並且資料流量極大的子系統。隨著支付機構業務和系統的發展，帳務系統面臨不同業務場景下繁雜的會計帳務規則，在早期的帳務系統中仍然需要人工操作並推進記帳、核對、核算及報帳流程。目前，在第三方支付機構的帳務系統中會使用大量的會計規則引擎來適應業務多變和業務量快速發展的場景。

根據帳務系統對帳場景下的多規則、多計算方案的特點，設計和建立以規則引擎為基礎的能靈活變更對帳規則的模型及對帳解決方案，將業務邏輯同程式實現解耦及使用標準規則描述語言，可以使系統對帳效率高、適應性強。

經過規則引擎的大量業務都是按既定的流程和規則執行、決策的，主要用於控制業務流和資料流程的導向，以及帳務業務風險。

規則引擎起源於以規則為基礎的專家系統，屬於人工智慧的範圍，它模仿人的推理方式，使用試探性的方法進行推理，並使用人能了解的術語解釋和證明它的推理結論並進行流程啟動。

開放原始碼的規則引擎選型有 Drools、Easy Rules、Mandarax、IBM ILOG。目前使用最廣泛並且與 Spring 開發架構結合最緊密的是 Drools 規則引擎。下面以 Drools 規則引擎為例來建置帳務系統對帳模組。

1. Drools 介紹

Drools 是以 Charles Forgy 為基礎的 RETE 演算法，是易於存取企業級策略、調整及管理的開放原始碼業務規則引擎，並且符合規則引擎的業內標準，有速度快、效率高等特徵。

Drools 在開放原始碼規則引擎中使用率最廣泛，在保險及金融支付企業、政府政務系統、學校考試及氣象模擬系統中使用較多。除了技術人員可以使用，非技術類別的帳務分析師或帳務審核人員也可以使用它輕鬆檢視業務規則，進一步檢驗相關流程是否執行了已編碼所需的對帳核對、核算業務規則。

Drools 的優點如下。

（1）有非常活躍的社區支援。

（2）基於 Java 和 XML 語言，簡單、好用。

（3）高效的執行速度。

（4）在 Java 領域流行，並且與 Java Rule Engine API（JSR 94）相容。

Drools 的相關技術概念如下。

（1）事實（Fact）：表示物件之間及物件屬性之間的關係。

（2）規則（rule）：是由條件和結論組成的推理敘述，一般被表示為 "if⋯ Then"。一個規則的 if 部分被稱為 LHS，then 部分被稱為 RHS。

（3）模式（module）：指條件（IF）敘述運算式。這裡的條件可能是由幾個更小的條件組成的大條件。

Drools 將事實、規則和模式等概念相互組合並形成正則運算式來完成工作。

2. Drools 與 Spring Boot 整合

Drools 能與 Spring Boot 極佳地整合，如圖 5-8 所示是 Spring Boot 與 Drools 規則引擎整合之後的業務資料流程圖。

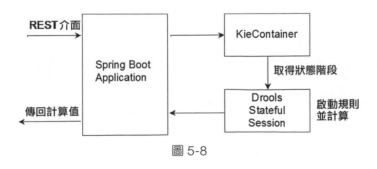

圖 5-8

下面以一個簡單的實例來說明如何連線規則引擎。

（1）在依賴設定檔 pom.xml 中增加以下依賴：

```xml
<dependency>
        <groupId>org.drools</groupId>
        <artifactId>drools-core</artifactId>
        <version>7.0.0.Final</version>
    </dependency>
    <dependency>
        <groupId>org.kie</groupId>
        <artifactId>kie-spring</artifactId>
        <version>7.0.0.Final</version>
</dependency>
```

（2）先定義一個帳務記錄類別：

```java
public class TrxFee {

    // 科目
    private String type;
    // 費用
private float discount;
    // 借貸標示
    private int TrxFlg;
    // 貨幣種類
    private String TrxCUR;
    // 交易日期
    private Date TrxDate;
    public String getType() {
            return type;
        }
    public void setType(String type) {
        this.type = type;
    }
    public float getDiscount() {
        return discount;
    }
```

```
    public void setDiscount(float discount) {
        this.discount = discount;
    }

    ......

}
```

（3）建立一個規則引擎指令稿 rule.rle：

```
Package rules

import com.fastpay.model.TrxFee

rule "計算地方稅務帳目"
when
    feeObject: Product(type=="area")
  then
    feeObject.setDiscount(0.7);
end

rule "計算國家稅務帳目"
when
    feeObject: Product(type=="country")
    then
    feeObject.setDiscount(0.85);
end
```

（4）宣告規則引擎設定檔：

```
<?xml version="1.0" encoding="UTF-8"?>
<kmodule xmlns="http://jboss.org/kie/6.0.0/kmodule">
    <kbase name="rules" packages="rules">
    <ksession name="rulesSession"/>
    </kbase>
</kmodule>
```

（5）建立一個產品服務類別：

```
import org.kie.api.runtime.KieContainer;
import org.kie.api.runtime.KieSession;
import org.springframework.beans.factory.annotation.Autowired;
import org.springframework.stereotype.Service;

import com.fastpay.model.TrxFee;

@Service
public class BillingCaulateService {

private final KieContainer kieContainer;

@Autowired
public BillingCaulateService(KieContainer kieContainer) {
        this.kieContainer = kieContainer;
}

public float getProductDiscount(TrxFee fee) {
        // 取得規則引擎物件
        KieSession kieSession = kieContainer.newKieSession("rulesSession");
        kieSession.insert(product);
        kieSession.fireAllRules();
        kieSession.dispose();
        // 傳回不同規則下的計稅總額
         return product.totalFee();
}
}
```

（6）取得 KieContainer 容器實例：

```
@Bean
public KieContainer kieContainer() {
    return KieServices.Factory.get().getKieClasspathContainer();
}
```

透過以上步驟就可以建置一個以地稅和國稅計算帳務收付費用為基礎的簡單範例程式。當然,真實的稅務計算有非常多的規則,例如:營業額超過一定金額時,就需要進行不同的稅費扣率計算等,這樣的多條件判斷和計算就非常適合帳務系統的規則引擎運算。

5.5.3 技術實現之平行閘道

在支付和帳務流程中經常會遇到需要平行處理和平行審核的情況,為了提升帳務的流量處理效率,我們可以使用平行閘道。

平行閘道(Parallel Gateway)能在一個流程裡對平行處理建模。在一個流程模型裡引用平行處理計算的直接方式就是使用平行閘道,它允許建立分支(Fork)執行多個路徑,或合併(Join)多個執行的到達路徑。

- 分支(Fork):對平行後的每個外出順序流都建立一個平行處理分支。
- 合併(Join):所有資料流程到達平行閘道後,都在此等待並進入分支,在所有進入順序流的分支都到達以後,流程就會匯聚並透過閘道。

如圖 5-9 所示模擬了一個網路購物支付流程,其中有 4 個使用者任務,分別是付款、發貨、收款、收貨,付款和收貨的處理人是買家,發貨和收款的處理人是賣家。其中就有關了流程的 Fork 和 Join 操作。

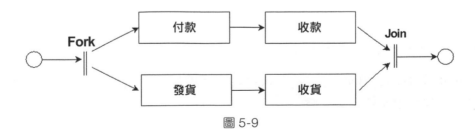

圖 5-9

1. BPMN 的概念

談及平行閘道，必定需要先了解 BPMN（Business Process Modeling Notation，業務流程建模與標記），包含這些像素如何組合成一個業務流程圖（Business Process Diagram）。BPMN 是由圖形物件（Graphical Objects）組成的網狀圖，其中的圖形物件包含活動（Activities）和用於定義這些活動執行順序的流程控制器（Flow Controls）。BPMN 也是 BPM（Business Process Model，業務流程模型）及 Workflow 的建模語言標準之一，支援提供一個內部的模型以產生可執行的 BPEL4WS。

BPMN 定義了一個業務流程圖（Business Process Diagram），該業務流程圖是一個圖形化的流程圖（Flow Charting），用於建立業務流程操作的圖形化模型，便於其他非專業人士使用。

BPMN 的出現，彌補了從業務流程設計到流程開發的間隙，也支援提供一個內部的模型以產生可執行的 BPEL4WS。

2. Activiti 專案

Activiti 專案是以 Apache 許可為基礎的開放原始碼 BPMN 平台，支援新的 BPMN 2.0 標準，也支持對象管理組（Object Management Group，OMG），可以從頭開始建置工作流引擎，也可以發佈設計好的流程定義，並允許透過 API 進行流程排程。

3. Activiti 與 Spring Boot 整合

Activiti 與 Spring Boot 可以整合來實現平行閘道。下面以一個簡單的實例說明如何連線平行閘道引擎。

（1）在依賴設定檔 pom.xml 中增加以下依賴：

```xml
<dependency>
<groupId>org.activiti</groupId>
<artifactId>activiti-dependencies</artifactId>
<version>7.0.0.Beta1</version>
<type>pom</type>
</dependency>
```

（2）建立業務流程圖，可以直接在 Eclipse 裡面使用 Activiti 外掛程式完成 BPMN 的業務流程圖的繪製，並實現設定類別：

```java
@Configuration
// 繼承 Activiti 抽象設定類別
public class ActivitiConfig extends AbstractProcessEngineAutoConfiguration {

    @Bean
    @Primary
    @ConfigurationProperties(prefix = "spring.datasource")
    public DataSource activitiDataSource() {
        return DataSourceBuilder.create().build();
    }

    @Bean
public SpringProcessEngineConfiguration springProcessEngineConfiguration(
            PlatformTransactionManager transactionManager,
        SpringAsyncExecutor springAsyncExecutor) throws IOException {

    return baseSpringProcessEngineConfiguration(
            activitiDataSource(),
            transactionManager,
            springAsyncExecutor);
}
}
```

（3）啟動流程：

```
ProcessInstance pi = runtimeService.startProcessInstanceByKey("Pay", "1");
System.out.println(" 流程啟動成功,流程 id:"+pi.getId());
```

（4）取得工作任務的執行結果：

```
List<Task> resultTask = taskService.createTaskQuery().processDefinitionKey
("myProcess").taskCandidateOrAssigned(userId).list();
System.out.println(" 任務列表:"+resultTask);
```

安全與風控

安全交易是網際網路產品電子商務發展的核心內容之一，支付系統的安全則是安全交易的關鍵所在。並且，支付平台相關子系統與其他軟體系統對安全等級的需求有所不同，因為它們管理著使用者有關資金安全的資訊流，需要時刻警惕並預防著使用者的資金損失。另外，支付機構肩負著人民財產安全和社會穩定的重大責任，所以需要其支付系統具有較強的穩定性、安全性及可防可控性，要求其系統模組結構緊湊、保密性高。這裡除了對軟體技術進行安全設計和實施，從流程上也需要給予保障。中國人民銀行和中國銀產業監督委員會（簡稱銀監會）會對從事支付企業的第三方支付機構存取控制門檻設定、從業範圍和地域限制、資料和流程稽核提出要求，並進行相關監督及政策監管。

支付系統還會採取許多安全技術措施，包含資料加密、隱私保護、安全傳輸、核心系統和資料授權與驗證、稽核追蹤、帶保護的子系統、物理硬體隔離、對讀寫進行分級許可權控制等，提供必要的安全保障；同時提供風控子系統對交易過程中的資訊流和資金流進行符合規範檢查、風險識別、分析、業務決策與流向控制，降低使用者和商戶的交易風險，保障交易的正常執行。

本章主要從整個機構的存取控制政策、法律法規、交易安全等方面出發，從業務和技術的角度來説明各個子系統中採取的安全監管措施、安全防控技術及風控系統。

6.1　存取控制

目前網際網路支付和行動支付企業發展迅速，很多企業或機構都想進入 C 端使用者支付企業，成為第三方支付機構（也叫非金融支付機構）為 C 端使用者提供相關支付服務。但成為中國人民銀行認可的第三支付機構需要滿足存取控制和監管條件，必須擁有安全、標準、能獨立完成支付業務處理的支付業務系統和高可用性能力，實際有關：註冊資金規模、支付業務從業資格證、經營從業範圍、從事金融業股東百分比、反洗錢能力、技術研發和運行維護實力、安全保障、備付金存管條件等。

下面重點説明第三方支付機構的從業範圍限定與支付業務授權（支付牌照），其他內容例如註冊資金規模等存取控制條件可以從網路中查詢到，並且與支付業務本身並無直接關係，所以這裡不再贅述。

6.1.1　從業範圍限定

第三方支付機構的從業範圍嚴格受限於中國人民銀行規定的從業範圍和經營區域，主要業務範圍有關收單業務（金融卡收單和網路收單）、網路支付、預付卡發行和業務受理。

目前主流的支付業務是網路支付，又可細分為行動網際網路支付、網際網路支付、固定電話支付、條碼支付、貨幣兌換、聚合支付業務，其中行動網際網路支付、網際網路支付、聚合支付是最常見的網路支付方式。

6.1.2 支付牌照申請

第三方支付機構指擁有支付牌照（全稱為「支付業務授權」）的有限責任公司、民營銀行或經營金融企業的企事業單位。由中國人民銀行將支付牌照簽發給具有一定實力、影響力和信譽保障的獨立的第三方非銀產業機構，簽發支付牌照的目的也是加強對從事支付業務的非金融機構的管理和約束。所以，在中國大陸從事支付業務之前首先需要擁有支付牌照，並且要在支付牌照指定的從業地區、經營區域、有效期和支付業務範圍之內從事支付相關經營活動才算合法符合規範。

目前，中國大陸擁有第三方支付牌照的公司約 200 多家，大部分擁有自己經營範圍內的支付收單或支付結算生態系統。

下面以支付寶（中國）網路技術有限公司的支付牌照為例來說明業務範圍與內容。

在支付寶（中國）網路技術有限公司的支付業務授權上面劃分的經營許可範圍有貨幣匯兌、網際網路支付、行動電話支付、金融卡收單及預付卡發行與受理（僅限於線上實名支付、帳戶充值）。

- 貨幣匯兌業務：匯兌就是匯款，實際上是商業銀行的電子匯款業務。在《非金融機構支付服務管理辦法》出台之後，這項業務已取消。

- 網際網路支付業務：指使用者透過網際網路終端裝置（PC、瀏覽器或網路應用程式），依靠網際網路遠端發起支付指令，且付款人的電子裝置不與收款人的專屬裝置直接互動，由第三方支付機構收款人和付款人提供貨幣資金傳輸服務。Web 收銀台業務和支付閘道業務就屬於該業務。

- 行動電話支付業務：指使用者透過行動電話（手機、手持裝置）終端，依靠行動通訊網路遠端發起支付指令，由第三方支付機構為收款人和付款人提供貨幣資金傳輸服務。行動收銀台支付就屬於該業務。

- 金融卡收單業務：指簽約銀行向商戶提供的本外幣資金結算服務，即最後持卡人在銀行簽約商戶處刷卡或線上消費，由發卡行和收款行進行資金結算。該業務可分為 ATM 收單、POS 機收銀台收單、金融卡線上收單及線下收單。

- 預付卡業務及受理：指第三方支付機構以贏利為目的發行的在發行機構之外購買的商品或服務的預付價值，包含採用磁條、晶片等卡基技術以卡片、密碼等形式發行的預付卡（充值卡）。常見的遊戲充值卡或話費充值卡就屬於該業務。

- 跨境支付業務：指第三方支付機構以代理的身份幫助在海外網站購物的使用者完成跨境外匯和跨境結算業務。

支付寶以以上業務範圍建置了自己為基礎的支付、交易、結算和週邊生態等相關金融產品，也配備了專用支付 SDK、API、Web 及 WAP 等對外支付服務工具和能力。

6.2 終端安全

第三方支付機構對外部使用者提供的終端形式，主要有自家的行動錢包應用和外部應用連線的支付 SDK。

（1）行動錢包應用是一款以手機為基礎的應用，常見的 Google Wallet（Google 錢包）、支付寶錢包、華為錢包的主要功能是讓行動裝置（手機、平板電腦等）變成行動錢包，將之前現金錢包、硬幣、金融卡儲存為手機或雲端上的資金資料。該行動錢包應用不僅包含數位貨幣，還變身為卡券中心和私人小幫手，例如各種優惠打折券、購物卡和禮品卡，以及電子駕照、社會保險卡、醫療保險卡、身份證等個人證件類別的電子幫手。

（2）支付 SDK 主要是把第三方支付機構的支付功能、產品和能力包裝成 SDK 形式提供給其他應用和商業產品連線。

處於交易終端的行動錢包應用和支付 SDK 是使用者使用支付系統交易的過程中的第一道關卡，也是最為重要和複雜的一道關卡，其安全性非常重要。

終端在交易過程中有關支付系統的資料有使用者的個人資訊資料、帳戶資料、訂單資料、系統組態資料、記錄檔資料、交易記錄資料等，其中有關個人隱私、商戶利益及商業機密，如果無法安全地儲存和傳輸好這些資料，則會有關使用者的資金安全和個人隱私洩露問題，這樣一來，第三方支付機構的企業信譽也無法獲得有效保障，隨時可能將企業陷入信任危機中。

對從事支付企業的第三方支付機構來說，終端資料的安全防護無疑是支付業務發展的重要保障之一，是安全防護長城的第一關。

支付系統一般會採用以下方法來保障終端資料的安全。

6.2.1 安全加密

在儲存、使用資料的過程中一般要對資料進行安全加密，該過程可分為加密（見圖 6-1）和解密（見圖 6-2）。

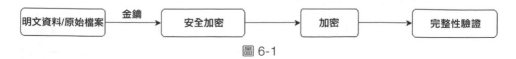

圖 6-1

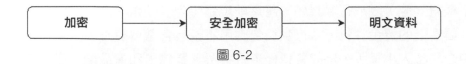

圖 6-2

在圖 6-2 中，加密和解密都使用了同一把金鑰，這種加密方法叫作對稱加密（也叫作單金鑰加解密）。同時，可以採用非對稱加解密，例如：使用 RSA 演算法來加解密時，一般都需要先產生公開金鑰和私密金鑰，可以使用 OpenSSL 工具進行公私密金鑰產生，也可以使用程式產生。當明文資料採用公開金鑰加密時，需要使用私密金鑰對加密進行解密；當明文資料使用私密金鑰加密時，需要使用公開金鑰對加密進行解密。

採用安全加密方式和演算法時一般依據本身資料的安全要求等級進行界定，例如：在使用場景中是否需要高安全等級、非常快的加解密速度和進行高性能處理。

（1）個人資訊資料。安全等級較高，屬於使用者的個人隱私資料。隨著網際網路的高速發展，我們已經進入全新的資料化時期，隨著幾次個人隱私洩露安全大事件的爆發（例如國外某大型社交網站上的連絡人資料洩露事件、某大型技術討論區的純文字密碼洩露事件等），使用者對個人資訊資料的安全意識也開始覺醒，對個人隱私資料的保護需求也越來越強，畢竟，每個人都有自己的隱私權，都不願意自己的身份資訊和聯繫資料被洩露。

這種個人資訊資料支付系統一般由機構自己研發加解密引擎來支援並且採用雲端儲存方案，其他不具備加解密引擎研發能力的機構通常也會使用國際流行的高強度加密演算法（例如 AES 加解密演算法），或對儲存資料檔案進行驅動層等級的加解密操作。

（2）帳戶資料。安全等級較高，屬於第三方支付機構或商戶的商業機密資料。這部分資料一般不被儲存在終端或用戶端，在用戶端一般僅儲存帳戶的唯一標識、帳號編碼或其他資訊，在需要時再從帳戶服務端將資料安全傳輸到本機進行展示。對於使用者輸入的登入帳戶資訊，則在本機將其處理成對應的簽章驗證資料，再透過安全傳輸通道（TLS 或 SSL）上傳到服務端，然後對原來在資料庫裡面預設的帳戶資訊進行比對，如果資料相等，則表示帳號登入成功，否則業務系統將提示帳號登入失敗。

（3）訂單資料。安全等級較高，屬於商戶的商業機密資料和使用者交易資料。這部分資料由用戶端產生並傳遞給商戶服務端，再傳遞給第三方支付機構的支付伺服器，如果在該過程中被窺探、洩露或篡改，則將對商戶產生影響，嚴重時會造成商戶資產的流失。之前有一起安全事件，某企業的電子商務應用出現了一個實際價值為 999 元的商品，被攻擊者偽裝的使用者以 0.1 元買走。經技術分析，其原因是架構師和工程師在設計之初出於對網路整體效能的考慮，支付鏈路採用了 HTTP，而攻擊者探測、綁架、篡改了訂單資料的支付金額資料封包，在付款時也沒有驗證訂單欄位的環節，所以導致了以上安全事件的發生。應對方法是讓商戶對原訂單進行 RSA 資料簽名，支付系統對商戶傳入的訂單資料進行簽章驗證，保障資料在傳輸過程中不被篡改，同時對全站啟用 HTTPS 存取。

（4）系統設定檔。安全等級低，屬於支付系統正常執行的設定參數資料，被定義為系統載入所需環境的設定和檔案的集合，如果修改，則會造成支付業務執行不正常。例如：在現有大部分軟體中設定檔的參數大多可以被隨意修改，但支付軟體會較其他軟體等級高，所以對設定檔的參數進行修改時，會造成軟體不能正常執行，不能正常付款。在對設定檔進行安全改造時通常會採用安全性較高、效能較好、速度較快的對稱加密演算法來加密，例如 AES 演算法[1]，防止設定檔被窺探和篡改。

1　AES 演算法：是一個分組密碼，屬於對稱加密演算法，在對稱密碼領域特別是分組密碼領域中常常使用。

（5）記錄檔資料。安全等級中等，屬於支付系統執行過程中的記錄檔資料，這部分資料對於第三方支付機構的技術人員分析和定位支付業務中的問題非常重要。並且，不同於其他普通軟體系統，支付系統是安全性要求較高的系統。例如：駭客可以透過分析支付系統的記錄檔資料來掌握支付業務流程和關鍵資料，透過這些資訊可以確定發起攻擊的位置，所以記錄檔資料或檔案的安全性也是重中之重。記錄檔資料還有一個特點：資料量較交易資料量多，通常是交易資料量的數十倍。所以針對記錄檔資料，我們首先要對資料中的敏感欄位與關鍵資訊做清洗、脫敏和加密處理，其加密演算法可以採用 AES 演算法或 Log4J 記錄檔元件附帶的 SM4 演算法[2]。

（6）交易記錄資料。安全等級較高，屬於商戶的商業機密資料、交易記錄和使用者交易資料，通常被儲存在本機資料庫中用於使用者檢視自己的支付交易記錄。一般會採用本機資料庫附帶的加密演算法來加密，例如：Android 系統裡面 SQLite 資料庫附帶的加密演算法 SQLCipher。同時可以針對資料庫中的資料進行加密，或針對終端的本機資料庫檔案進行一次整體檔案加密。

6.2.2 存取授權

支付系統中的各個子系統都有不同等級的資料安全等級的存取控制，如果沒有合法的子系統使用身份、網路、本機存取授權及正確的安全存取通道，則所有資料都將以加密狀態儲存、傳輸，透過其他非法方法無法存取、竊取或篡改。

存取授權其實就是一個獲得授權、申請存取（操作）資源、審查授權、授權及備案的過程，如圖 6-3 所示。

2　SM4 演算法：是一種分組密碼演算法，分組長度為 128bit，金鑰長度也為 128bit。

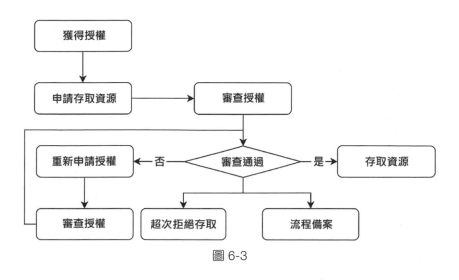

圖 6-3

存取授權可以分為以下幾個等級。

（1）作業系統等級。存取授權粒度較粗，作業系統等級的存取授權主要以作業系統為基礎的使用者角色和帳號來劃分，主要限制存取驅動器、檔案系統、硬體資源等。例如：檔案存取限制的開放可能會導致資料和系統檔案被破壞或未經核准的使用者修改檔案，作業系統必須控制使用者對檔案的儲存、讀取等許可權，即對目的檔案的讀、寫、執行的許可問題。駭客通常會透過作業系統的漏洞取得作業系統的最高許可權（例如 Windows 0 day 漏洞），然後對目的電腦上的任意檔案進行造訪和篡改。該等級的防護主要關注漏洞發佈網站，例如烏雲、FreeBuf 及作業系統官方網站，透過系統更新來即時升級和修復作業系統漏洞。

（2）網路存取等級。存取授權粒度較粗，可以在電腦之間建置以信任關係為基礎的網路存取域，域外電腦不能存取域內機器。這種域記憶體取控制方案最早來自 Windows NT，網路域可以採用軟體級隔離和物理級隔離。其中，央行的某些處理機密資訊的終端規定採用物理級隔離，除電線外不能連線任何電纜或網際網路。這裡討論的主要是軟體等級的隔離和存取控制，物理等級隔離主要表現在硬體終端和網路通訊裝置上面，例如：從強化網路節點控制器（也叫網域控制站）的角度出發，形成一個內部網路，提供獨立於應用和使用者的安全解決方案，建置安全可控的網路環境。最成熟的方案就是 Windows 的網域控制站解決方案。

（3）檔案系統存取等級。存取授權粒度較細，在網際網路時期所有資料都被儲存在分散式檔案系統中，最為經典的是 Hadoop 的分散式檔案系統（HDFS）或亞馬遜 AWS 的 S3 物件儲存系統。基於這些分散式檔案系統，就可以在這個檔案存取層面進行許可權的相關控制，例如使用 HDFS 的檔案、目錄許可權控制模型。如果是 AWS 系統，則可以使用 IAM 實體（使用者、操作組、角色）的許可權粒度進行控制，這是一種粒度更小、更靈活的許可權控制方案。每一個 AWS 服務的操作都可以分成 4 個存取等級：列表、讀取、寫入和許可權管理，AWS 的操作便利性在於分析預設的許可權方案和自訂的許可權方案。

（4）資料庫等級。存取授權粒度較細，支付系統的子系統資料一般被儲存在資料庫中，幾乎市面上的所有關係或非關聯式資料庫都有自己的存取授權和許可權控制功能，例如：MySQL、MongoDB、Oracle，其許可權控制方案（授權）也有很多，基本是可以控制列表（欄位等級）等級的許可權，透過資料庫的本身許可權可以細分到對某個表、某個欄位是否有 CRUD 許可權。

（5）應用等級。存取授權粒度細，在支付系統中有很多應用等級的存取授權和許可權控制。這裡的應用等級指在資料庫層面之上建置的軟體應用系統，例如支付系統的經營分析子系統中的分析報表模組，我們在應用等級可以透過技術研發來控制資料存取，更精細化地進行許可權控制，例如：對不同的角色加工和顯示不同的資料內容，這其中從欄位的來源資料到顯示資料已經有非常大的變化了。還有對資料查詢範圍欄位的控制，一般都可以採用以角色為基礎的存取控制模型（RBAC 模型）來完成應用等級細粒度的許可權控制和存取授權控制,如圖 6-4 所示。

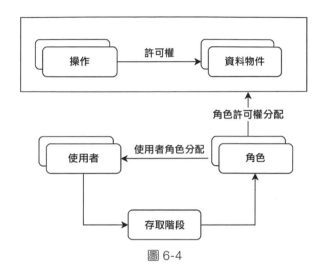

圖 6-4

6.2.3 傳輸安全

資料在支付系統中並不是孤島,需要在一定範圍內的電腦節點之間進行傳輸和使用,在傳輸過程中就會有關資訊是否被綁架、篡改及偽造等風險。同樣,依據不同的資訊安全保護等級,傳輸安全可以分成以下幾個層次。

(1)私人網路。這種網路與 Internet 網際網路、辦公網等是互相隔離的,通常以專用的傳輸協定和網路通訊交換機裝置為基礎,為各個金融機構提供資料封包制定、資料傳輸、交換等基礎功能,在此基礎之上還可以運作相關的金融資訊服務和加值服務。在中國大陸,中國國家金融資料通訊網(CNFN)就是這麼一個私人網路,由中國人民銀行負責建設,網路層則基於 X.25 封包交換技術及框架轉送技術。與傳統的電腦網路不一樣,在該網路的基礎之上中國人民銀行建設了小額支付系統(BEPS)、大額支付系統(HVPS)、清算帳戶處理系統(SAPS)、金融卡電子授權系統、金融卡授權系統及通用資訊服務系統等,為全國各商業銀行和第三方支付機構提

供跨行支付的清算和結算服務。目前 CNFN 網路節點設立在全國各地 400
個城市的中國人民銀行分行處理中心（CCPC[3]）內部，每個 CCPC 不僅為
本區域各商業銀行分行的處理中心，還提供跨行、跨區域支付的交易處理
業務。

SWIFT（全球同業金融通訊系統）則提供全雙工專用的國際化金融通訊服
務，負責制定通訊節點之間電文格式的標準化、傳輸的安全性，同時在全
世界提供三個中心操作節點（美國、比利時、荷蘭）及每個國家的區域處
理中心，在該網路之上執行著紐約清算所銀行同業支付系統（CHIPS）、聯
邦儲備通訊系統（Fedwire 系統）、倫敦自動清算支付系統（CHAPS）等。

如圖 6-5 所示是一個 SWIFT 網路匯款電文的傳輸流程示意圖。

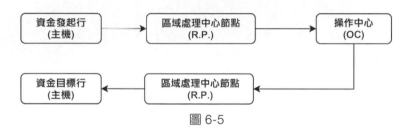

圖 6-5

（2）安全協定。在一個開放的網路存取環境中（例如網際網路、辦公網或
都會區網路），擁有安全協定是傳輸安全非常重要的節點，這些協定有關
HTTPS（超文字安全傳輸協定）、SSL/TLS（安全套接層協定）、3-DSecure
和安全電子郵件（PEM[4]、S/MIME 協定）等協定。在網際網路中，支付系
統（例如行動收銀台、支付閘道等）傳輸資料的常見做法是採用 HTTPS。

---

3 CCPC：中國人民銀行的城市處理中心（City Clearing Processing Center），主要負責支付
   指令的轉發和接收、帳務核算資料傳輸等。
4 PEM：隱私增強郵件（Privacy Enhancement for Internet Electronic Mail），由 IETF 工作群
   組定義，用於發送和儲存安全郵件。

HTTPS 是一種以安全為目標的 HTTP 通道，基於 HTTP 進行身份認證和傳輸加密確保了傳輸過程中的安全性。

如圖 6-6 所示，最裡層為 TCP（同樣都基於 IP 協定）。TCP 透過三次驗證建立了用戶端和伺服器之間的連接，HTTPS 除了實現了以 TCP 為基礎的 HTTP（超文字傳輸協定），還需要加上安全傳輸和加密的 SSL[5] 或 TLS[6] 協定。

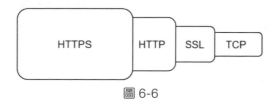

圖 6-6

HTTPS 較 HTTP「重」，實際表現在服務端與用戶端之間通訊次數較多：HTTPS 不僅包含 TCP 的 3 次驗證，還包含 SSL 的 4 次驗證。HTTP 和 HTTPS，在實際業務中選擇其中哪種協定通訊呢？可以參考如圖 6-7 所示的流程進行選型。

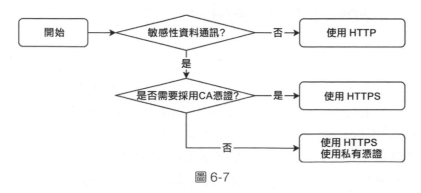

圖 6-7

5　SSL：安全通訊端層（Secure Sockets Layer），用於保障資料傳輸過程中的安全性。

6　TLS：傳輸層安全協定（Transport Layer Security），是 SSL 的升級版本。

當接收和發送的資料為敏感性資料時，我們需要採用 HTTPS 通訊，因為通道中的資料採用了 SSL/TLS 進行加密傳輸。對於資料不敏感並且效能要求較高的資料，則可以採用 HTTP 進行傳輸，例如：使用者的登入資訊、階段資料等都採用了 HTTPS，而官方網站的資訊資料和公共下載檔案可以採用 HTTP 進行傳輸。

（3）專用協定。部分支付系統採用專用的電子支付協定來保障資料的安全，這種協定是一種專門針對支付業務訂製的協定。SET（Secure Electronic Transaction，安全電子交易）就是這種專用的支援即時電子支付的安全協定，是由 Master card、Visa、Microsoft、Netscape 等公司共同設計並在 1997 年推出的。

SET 協定的核心技術有公開金鑰加密、資料簽名及驗證、資料信封及電子安全憑證等，早期是以信用卡為基礎的支付模式而設計的，確保了開放網路上交易的安全性。SET 主要是為了支援使用者、商家、銀行之間透過信用卡交易而設計的，具有保障交易過程和資料的完整性、一致性和安全性、商戶及持卡人的合法身份驗證，以及交易的不可否認性等優點，因此成為目前公認的網上交易的國際標準的信用卡協定。

SET 採用以下方案來保障安全性。

（1）SET 協定採用了先進的密碼系統及數位簽章、數位憑證等技術。
（2）持卡人能夠確認收款商家是否有權採用 SET 協定的安全方式接收信用卡。
（3）採用 SET 協定的商家能夠確認交易中正在使用的信用卡。
（4）SET 協定保障支付資訊只能被指定的接收方取得和讀取，只能被採用 SET 協定的商家與金融機構破譯，同時，商家只能看到訂單資料資訊而看不到持卡人帳號。

根據 SET 協定設計的網上安全支付應用軟體，必須經過 SET 協定和機構驗證才能被批准使用，SET 協定利用發放給使用者、商戶、商業銀行及信用卡公司的數位憑證進行一系列的認證與安全性檢驗，加強了資料在交易過程中的防偽性與安全性。

以 SET 協定為基礎的支付系統一般由移動（電子）錢包應用、商戶商業產品服務端、支付閘道及認證機構軟體等組成。

6.3 技術實現之終端安全

首先說明在本機加密儲存的方法，加密方法有兩種：對稱加解密和非對稱加解密。

實用場景：支付系統中有部分設定檔的內容需要加密儲存在本機，例如：跳躍伺服器的位址或支付 SDK 的執行參數在使用過程中需要先解密再使用。對於這種場景，比較適合採用對稱加密演算法，如圖 6-8 所示。

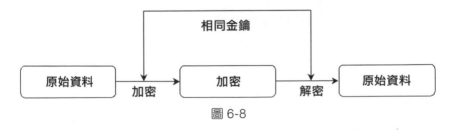

圖 6-8

當然，也可以使用非對稱加密，如圖 6-9 所示。但由於非對稱加密適用於安全等級較高、運算速度較慢及私密金鑰一般不在終端儲存等場景中，所以在技術選型上面不宜使用。

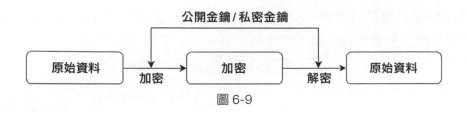
圖 6-9

說到對稱加密演算法,可以選擇使用以下幾種方案。

這裡的終端安全範例程式以 Android 作業系統為例,並且使用 Java 來實現安全加密、存取授權和傳輸安全。

6.3.1 中低安全等級的資料(DES)

(1)資料加密標準 DES(Data Encryption Standard)是使用對稱式金鑰密碼編譯的一種塊加密演算法,處理資料的速度較快,效能較好,通常適用於對大區塊資料加解密的場景中。該演算法的明顯缺點是金鑰較短,這表示可以透過暴力破解來解密,降低了加密的安全性,但仍然適用於對支付系統設定檔的安全加密等場景中。

以下是以 Android 系統為基礎的 DES 加密的程式實現:

```
/**
 * 採用 DES 加密字串資料,使用 UTF-8 編碼
 * @param plain 原字串
 * @param encryKey 金鑰
 * @return 加密
 * @throws Exception
 */
public static String encryptByDES(String plain, String encryKey)
        throws Exception {
    // 取得密碼實例物件,參數格式為 " 演算法 / 模式 / 填充 "
    Cipher cipher = Cipher.getInstance("DES/CBC/PKCS5Padding");
```

```
    // 使用 Key 作為 DES 金鑰的金鑰內容，建立一個 DESKeySpec 物件
    DESKeySpec desKeySpec = new DESKeySpec(encryKey.getBytes("UTF-8"));
    // 傳回 DES 演算法的 SecretKeyFactory 物件
    SecretKeyFactory keyFactory = SecretKeyFactory.getInstance("DES");
    // 產生 SecretKey 物件
    SecretKey secretKey = keyFactory.generateSecret(desKeySpec);
    // 使用金鑰建置一個 IvParameterSpec 物件。
    IvParameterSpec iv = new IvParameterSpec(encryKey.getBytes());
    // 用金鑰和一組演算法參數初始化密碼實例物件
    cipher.init(Cipher.ENCRYPT_MODE, secretKey, iv);
    // 加密，使用 Base64 密碼
    return new String(Base64.encode(cipher.doFinal(plain
            .getBytes("UTF-8"))));
}
```

對應的解密函數如下：

```
    /**
    * 使用密碼和金鑰解密資料
    * @param encryString 加密
    * @param decodeKey 金鑰
    * @return 明文
    * @throws Exception
    */
    public static String decryptByDES(String encryString, String decodeKey)
throws Exception {
        // 使用金鑰建置 IV 物件
        IvParameterSpec iv = new IvParameterSpec(decodeKey.getBytes());
        // 根據金鑰和 DES 演算法建置一個 SecretKeySpec
        SecretKeySpec skeySpec = new SecretKeySpec(decodeKey.getBytes(), "DES");
        // 傳回實現了指定轉換的 Cipher 物件
        Cipher cipher = Cipher.getInstance("DES/CBC/PKCS5Padding");
        // 解密初始化
        cipher.init(Cipher.DECRYPT_MODE, skeySpec, iv);
```

```
        // 解碼傳回
        byte[] byteMi = Base64.decode(decodeString.toCharArray());
        byte decryptedData[] = cipher.doFinal(byteMi);
        return new String(decryptedData);
    }
```

這樣就實現了加解密函數，只需在加密時呼叫 encryptByDES 函數，將明文資料和 8 位 Key 傳入就可以獲得加密資料，然後在使用時以相同的 Key 值和加密呼叫 decryptByDES 函數完成加密解密獲得明文資訊。

在以上程式中還使用了 Base64 編碼方式，可以將二進位資料編碼成可見的 ASCII 碼字串資料。在 Android 系統中 Base64（完整類別名稱為 android.util.Base64）已經是一種內建的工具類別的編碼轉換演算法，很多人都把 Base64 當成一個加解密演算法，但從嚴格意義上來說，它不能算是一種加解密演算法，只能算是一種編碼格式的轉換演算法。

6.3.2 DES 演算法演進之 3DES

在 DES 基礎之上進化了三重資料加密演算法（3DES），該演算法使用了 K1、K2、K3 對同一組明文進行多重加密，其基本原理是對每個資料區塊都使用三次 DES 加密，如果金鑰小於 64 位元，則其加密強度與 DES 一致，一般建議採用的金鑰超過 64 位元。

3DES 的加密函數範例如下：

```
/**
    * 採用 3DES 加密字串
    *
    * @param plain
    * 普通文字
    * @return
    * @throws Exception
```

```
    */
    public static String encryptBy3DES(String plain, String secretKey)
throws Exception {
        Key deskey = null ;
        DESedeKeySpec spec = new DESedeKeySpec(secretKey.getBytes());
        // 根據 3DES 建置一個 SecretKeyFactory
        SecretKeyFactory keyfactory = SecretKeyFactory.getInstance(
"desede");
        deskey = keyfactory.generateSecret(spec);

        // 取得密碼實例物件，參數格式為 " 演算法 / 模式 / 填充 "
        Cipher cipher = Cipher.getInstance("desede/CBC/PKCS5Padding");
        IvParameterSpec ips = new IvParameterSpec(iv.getBytes());
        cipher.init(Cipher. ENCRYPT_MODE , deskey, ips);
        byte [] encryptData = cipher.doFinal(plain.getBytes("UTF-8"));
        return Base64.encodeToString(encryptData,Base64.DEFAULT);
    }
```

其中有關的加密編碼方式和填充方式，包含 3DES-ECB[7]、3DES-CBC[8]、3DES-CTR、3DES-OFB 和 3DES-CFB。

解密函數範例如下：

```
/**
    * 3DES 解密
    * @param encryString 加密
    * @return 明文
    * @throws Exception
```

---

7 ECB：電子密本方式，將資料按照 8 位元組一段進行加密，最後一段不足 8 位元組，按照需求補足 8 位元組進行計算，之後按照順序將計算所得的資料連在一起即可，各段資料之間互不影響。

8 CBC：加密分組連結方式，加密分組之間的聯繫具有前後關係，類似於鏈條一樣相互連接。

```
        */
        public static String decryptBy3DES(String encryString, String
secretKey) throws Exception {
                Key deskey = null ;
                DESedeKeySpec spec = new DESedeKeySpec( secretKey.getBytes());
                SecretKeyFactory keyfactory = SecretKeyFactory.getInstance(
"desede" );
                deskey = keyfactory. generateSecret(spec);
                Cipher cipher = Cipher.getInstance( "desede/CBC/PKCS5Padding" );
                IvParameterSpec ips = new IvParameterSpec( iv.getBytes());
                cipher. init(Cipher. DECRYPT_MODE, deskey, ips);

                byte [] decryptData = cipher.doFinal(Base64.decode(encryString,
Base64.DEFAULT));
                return new String (decryptData, encoding);
        }
```

其中三重資料加密演算法的金鑰長度是 128 位。除了 3DES 演算法，還有人演算出 N-DES（N 重資料加密演算法）。

6.3.3 高安全等級的資料（AES）

由於金鑰長度過短、弱金鑰等缺點的存在，DES 容易被暴力破解。隨著電腦效能不斷提升，DES 被暴力破解的頻率越來越高。所以，美國國家標準與技術研究院（NIST）在 1997 年放棄了對 DES 的官方支援，研發出 DES 的替代者 AES（Advanced Encryption Standard，進階加密標準）。

在 Android 系統上使用 AES 與使用 DES 的實現難度、程式量和寫法相差無幾，比 DES 速度更快、效能更高，在實際的開發過程中建議採用 AES 演算法對資料進行加解密，其加密程式如下：

```
/**
    * AES 加密
```

```
     * @param plain 明文
     * @return 加密
     * @throws Exception
     */
    public static String encryptByAES(String plain, String secretKey){
        byte[] crypted = null;
        try{
            SecretKeySpec spec = new SecretKeySpec(secretKey.getBytes
("UTF-8"), "AES");
            Cipher cipher = Cipher.getInstance("AES/ECB/PKCS5Padding");
            cipher.init(Cipher.ENCRYPT_MODE, spec);
            crypted = cipher.doFinal(plain.getBytes());
        }catch(Exception e){
            return "";
        }
        return new String(Base64.encode(crypted, Base64.NO_WRAP));
    }
```

解密程式如下：

```
/**
     * AES 解密
     * @param encryString 加密
     * @return 明文
     * @throws Exception
     */
    public static String decryptByAES(String encryString, String secretKey){
        byte[] output = null;
        try{
            SecretKeySpec spec = new SecretKeySpec(secretKey.getBytes
("UTF-8"), "AES");
            Cipher cipher = Cipher.getInstance("AES/ECB/PKCS5Padding");
            cipher.init(Cipher.DECRYPT_MODE, spec);
            output = cipher.doFinal(Base64.decode(encryString,
Base64.NO_WRAP));
```

```
    } catch(Exception e){
        return "";
    }
    return new String(output);
}
```

針對對稱加解密演算法都有一個金鑰需要儲存的問題，目前有三種實現方案。

（1）產生金鑰之後，可以將其儲存在存放裝置中，例如金鑰檔案或 Android 系統的 SharedPreferences 中，在使用時將其讀取到記憶體中。

（2）產生金鑰之後，依據固定的裝置特性（例如 DeviceId、OSID 等）將金鑰資訊上送到伺服器端，在應用啟動時將金鑰資訊取得到本機使用，由於行動網路通訊存在不確定性，所以不推薦採用這種方案。

（3）將金鑰放在 NDK 程式中，然後採用資料位移或拆分等方案，再拼裝為真正的金鑰資料。這種演算法的破解難度較高，也較安全，推薦採用這種儲存方案。

6.3.4 非對稱加密（RSA）

RSA 是一種非對稱加密演算法，由三位數學家 Rivest、Shamir 和 Adleman 設計，其核心思維為將金鑰分成以下兩把金鑰，簡稱金鑰對。

在金鑰對中有一個公開金鑰，還有一個私密金鑰。

■ 公開金鑰（Public Key）：是金鑰對中完全公開的部分，任何人都可以獲得它，適用於用戶端 - 服務端模型。
■ 私密金鑰（Private Key）：是金鑰對中保密的一部分，一般在服務端安全儲存，不允許在用戶端儲存。

可以使用 OpenSSL 工具的指令產生公私密金鑰，也可以使用開發語言產生公私密金鑰。

（1）產生 RSA 演算法的私密金鑰時，使用以下指令：

```
openssl genrsa -out rsa_private_key.pem 2048
```

（2）使用以下指令將 X509 編碼檔案轉換成 PKCS8 編碼格式：

```
openssl pkcs8 -in rsa_private_key.pem -out rsa_private_key_pkcs8.pem -nocrypt
-topk8
```

（3）匯出私密金鑰對應的 X509 編碼公開金鑰檔案：

```
openssl rsa -in rsa_private_key.pem -out rsa_public_key.pem -pubout
```

> **注意**：可以使用 Java 程式從 rsa_private_key_pkcs8.pem 檔案中讀取私密金鑰資訊並產生數位簽章，再使用 rsa_public_key.pem 公開金鑰檔案驗證數位簽章的正確性。

Java 虛擬機器也提供了內建的方法來產生公私密金鑰，程式如下：

```
/**
     * 產生非對稱金鑰對
     * @throws NoSuchAlgorithmException
     */
    public static void genKeyPair() throws NoSuchAlgorithmException {
        //KeyPairGenerator 類別，基於 RSA 演算法產生物件
        KeyPairGenerator keyPairGen = KeyPairGenerator.getInstance("RSA");
        // 初始化金鑰對產生器
        keyPairGen.initialize(1024,new SecureRandom());
        // 產生一個金鑰對，儲存在 keyPair 物件中
        KeyPair keyPair = keyPairGen.generateKeyPair();
        // 獲得私密金鑰物件
```

```
        RSAPrivateKey privateKey = (RSAPrivateKey) keyPair.getPrivate();
        // 獲得公開金鑰物件
        RSAPublicKey publicKey = (RSAPublicKey) keyPair.getPublic();

        // 公開金鑰字串
        String publicKeyString = new String(Base64.encodeBase64
(publicKey.getEncoded()));
        // 私密金鑰字串
        String privateKeyString = new String(Base64.encodeBase64
((privateKey.getEncoded())));
    }
```

有了公私密金鑰資料之後，就可以對資料進行加解密處理和資料加簽、簽章驗證了，加解密過程如圖 6-10 所示。

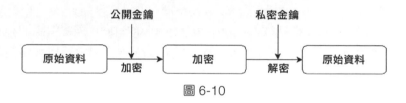

圖 6-10

其中，加密資料的一方使用公開獲得的公開金鑰（一般推薦使用 1024 位金鑰，金鑰越長越安全，也表示加密效能越差），對明文資料進行加密獲得加密：

```
/**
    * 使用公開金鑰進行加密
    * @param plain 明文資料
    * @param publicKey 公開金鑰資料
    * @return 加密
    * @throws Exception
    */
    public static byte[] encryptByPubKey(byte[] plain, byte[] publicKey)
throws Exception {
        // 從公開金鑰資料中獲得 KeySpec 物件
```

```
    X509EncodedKeySpec keySpec = new X509EncodedKeySpec(publicKey);
    // 根據 RSA 演算法建置一個 KeyFactory
    KeyFactory keyFactory = KeyFactory.getInstance("RSA");
    PublicKey pubKey = keyFactory.generatePublic(keySpec);
    // 取得密碼實例物件 參數格式為 " 演算法 / 模式 / 填充 "
    Cipher cp = Cipher.getInstance("RSA/None/PKCS1Padding");
    cp.init(Cipher.ENCRYPT_MODE, pubKey);
    return cp.doFinal(plain);
}
```

（2）解密的一方具有私密金鑰，拿到加密時，使用對應的私密金鑰進行解密：

```
/**
    * 使用私密金鑰解密
    * @param encrypted
    * @param privateKey
    * @return
    * @throws Exception
    */
    public static byte[] decryptByPrivKey(byte[] encrypted, byte[] privateKey)
throws Exception {
        // 從私鑰資料中獲得 KeySpec 物件
        PKCS8EncodedKeySpec keySpec = new PKCS8EncodedKeySpec(privateKey);
        KeyFactory kf = KeyFactory.getInstance("RSA");
        PrivateKey keyPrivate = kf.generatePrivate(keySpec);
        // 取得密碼實例物件，參數格式為 " 演算法 / 模式 / 填充 "
        Cipher cp = Cipher.getInstance("RSA/None/PKCS1Padding");
        cp.init(Cipher.DECRYPT_MODE, keyPrivate);
        byte[] arr = cp.doFinal(encrypted);
        return arr;
    }
```

（3）如果解密失敗，則代表公開金鑰或私密金鑰不符合（不是一個金鑰對），這也說明如果沒有對應的私密金鑰，則解不出加密中的內容。

RSA 一般只適用於小資料區塊的加解密場景中（例如加密動態金鑰、短的關鍵資料），加解密速度較 AES 和 DES 慢。

6.3.5 傳輸安全

資料的傳輸安全需要滿足以下條件。

- 防窺探：資料明文受到保護，不應該被駭客和惡意使用者識別、利用。保護資料不被窺探是一項重要的指標，發送者和接收者雙方都需要實現加密技術，保障資料無法被第三方破解和解密。
- 防篡改：保護資料在傳輸過程中的完整性，必須確認不會在資料傳輸過程中被截獲和篡改。
- 防偽造：能識別資料發送方是否具有合法性，並且能確認發送方的真實性。

下面說明對應的技術實現方案。

1. 防窺探

資料一般透過電腦網路進行傳輸，除了有從一個發送方（發送節點）發送到接收方（接收節點）的簡單場景，還有複雜的場景（經過 N 個網路節點傳輸才能到達最後目的地）。隨著節點的增多，在這個傳輸過程中被截獲、監聽的風險越來越高（例如：現在常用的網路資料封包截取軟體就有 Fiddler、Wireshark 等，可以監聽到網路層都採用了什麼協定、呼叫了哪些 API，以及發送參數、傳回的回應資料分別是什麼）。

在用戶端一般採用公開的通道加密方案保障通道資料無法被窺探。

TLS（Transport Layer Security）又叫作安全傳輸層協定，主要用於在兩個通訊應用程式之間提供保密性和資料完整性。

Android 系統對應的實現如下。

首先，讀取自己的憑證並初始化 TLS 的工廠類別：

```
// 用 keytool 將 .keystore 中的憑證寫入檔案中，然後從該檔案中讀取證書資訊
CertificateFactory cf = CertificateFactory.getInstance("X.509");
InputStream caInput = new BufferedInputStream(new ByteArrayInputStream(caPath.
getBytes()));
Certificate ca;
try {
  ca = cf.generateCertificate(caInput);
} finally {
  caInput.close();
}

// 建立一個包含認證憑證的 KeyStore
String keyStoreType = KeyStore.getDefaultType();
KeyStore keyStore = KeyStore.getInstance(keyStoreType);
keyStore.load(null, null);
keyStore.setCertificateEntry("ca", ca);

// 建立一個以 KeyStore 演算法為基礎的 TrustManager 物件
String tmfAlgorithm = TrustManagerFactory.getDefaultAlgorithm();
TrustManagerFactory tmf = TrustManagerFactory.getInstance(tmfAlgorithm);
tmf.init(keyStore);

// 初始化 TLS
SSLContext context = SSLContext.getInstance("TLS");
context.init(null, tmf.getTrustManagers(), null);
```

然後，取得 Socket 工廠類別，建立 Socket 連接，開始 TLS 驗證：

```
// 遠端伺服器的位址
SocketAddress sockaddr = new InetSocketAddress("localhost", 80);
// 建立 Socket 物件實例
Socket socket = context.getSocketFactory().createSocket();
```

```
// 開始連接
socket.connect(sockaddr, 60 * 1000);
// 開始 TLS 驗證
socket.startHandshake();
```

2. 防篡改

在某支付場景中，用戶端與服務端的請求被駭客截獲並將支付訂單的金額修改為 0.1 元（原訂單金額 10 元），由於未在這個過程中對訂單資料進行防篡改驗證，導致了商戶的商品被便宜賣掉，造成了商戶的經濟損失。

資料防篡改的主要方法是針對資料進行用戶端加簽，在服務端接收資料時驗證加簽資料是否與簽名一致。加簽的過程實質上是發送端針對待發送的原始資料進行一定的處理（例如字串去空格、欄位排序、資料加密）後針對資料加簽產生簽名摘要資料，這部分摘要資料一般不會參與加密。接收端在收到資料之後，先將簽名摘要資料和加密資料取出來，然後解密已加密的資料區塊獲得原始資料，最後像發送端一樣進行處理，產生簽名摘要資料。如果產生的摘要資料與發送端傳送過來的一致，則表示資料沒被篡改過，否則表示資料在傳輸過程中被篡改。

下面說明對防篡改的資料進行簽名和簽章驗證的過程。

（1）對原始資料去空格，進行參數欄位排序（昇冪或降冪）和連接。

（2）將原始資料（待簽名內容）根據參數欄位名稱進行排序，可以確保加簽、簽章驗證的雙方待驗證參數內容的一致性。例如：排序昇冪規則按照第一個字元的 ASCII 碼值遞增排序，如果遇到相同的字元，則依據第 2 個字元排遞增序，依此類推。將排序後的參數連接成「參數＝參數值」的格式，並且把這些參數使用 "&" 字元連接起來。

```
    /**
 * 對參數欄位進行排序
```

```
 * @param params 參數資料
 * @return
 */
public String orderByParameters(Map<String, String> params) {
    StringBuilder sb = new StringBuilder();
    // 以參數名稱的字典進行昇冪排列
    Map<String, String> sortParams = new TreeMap<String, String>(params);
    // 連接成 "key=value" 格式
    for (Map.Entry<String, String> entry : sortParams.entrySet()) {
        String key = entry.getKey();
        // 字串去空格
        String value = entry.getValue().trim();
        key = key.trim();
        if (TextUtils.isEmpty(value))
            sb.append("&").append(key).append("=").append(value);
    }
    return sb.toString();
}
```

（3）產生摘要資料，常用的摘要演算法有 MD5、SHA-1 等。下面使用 MD5 產生摘要資料：

```
// 取代第 1 個間隔符號
String param = param.replaceFirst("&","");
// 產生摘要資料
String signValue = Md5Utils.md5(param);
// 連接摘要資料
String param = param + "&sign=" + signValue;
```

（4）使用非對稱加密演算法 RSA，利用用戶端的公開金鑰對摘要值進行加密，將資料透過網路發送給接收方進行驗證。

接收方在接收到資料之後進行簽章驗證，與加簽的過程基本一致。

（1）參數排序。將收到的參數內容（key=value 字典）根據參數名稱進行
　　排序，其排序規則與簽名方保持一致，對參數字串去空格和連接，其
　　連接方式與簽名方保持一致，產生待產生摘要的原參數字串。

（2）產生摘要資料。使用相同的摘要演算法（MD5）計算獲得簽章驗證
　　方的摘要值。

（3）進行非對稱解密。使用 RSA 非對稱加密演算法，對收到的加密摘要
　　資料使用私密金鑰進行解密，並獲得簽名方的原始摘要值。

（4）摘要資料比較。如果簽名方的摘要數值等於簽章驗證方計算出來的摘
　　要值，則表示簽章驗證成功，否則簽章驗證失敗。

6.4　介面安全

支付系統中的 API 屬於典型的 B2B 的產品，對安全性的要求比較特殊，
需要驗證企業的合法身份，同時和用戶端 App 的安全技術堆疊不同，針對
B2B 的 API 產品通常透過資料簽名簽章驗證、數位憑證和資料加密來保障
其介面安全。

6.4.1　安全需求

在實施簽名和加密安全性原則時用簽名還是用加密？用對稱加密還是非對
稱加密？

這要從需求説起，安全也是需求的一種。安全需求無非是防篡改、防偷
窺、身份識別、防否認和防洩露等。要滿足這些安全需求，就需要對介面
採用不同的安全性原則和方法。

我們從安全學的發展歷史開始説起。

（1）註冊機加密時期。在 Licence 授權軟體時期，並沒有網路來驗證各種加密演算法，同時為了防止單機上的軟體被盜用，通常在軟體中寫一段授權加密演算法，如果使用者輸入的註冊碼滿足註冊機演算法，就通過驗證。這種方法有明顯的缺陷：只要有足夠強大的技術力量和運算能力，演算法都是可以被破解的，所以好的軟體一般都會有一個對應的破解版本或註冊機執行器。

（2）對稱加密演算法時期。在對稱加密演算法中，明文和加密雙方約定使用同一個金鑰，加密方用金鑰進行加密，解密方用同一個金鑰進行解密，如果可以成功解密，則說明加解密方都有許可權對資料進行存取。

在 API 層面，對稱加密演算法有兩種應用場景：資料 MD5 簽名和通訊資料加密。

資料 MD5 簽名指採用 MD5 演算法對傳輸的資料進行簽名，以防止資料被第三方劫獲並篡改。MD5 也叫作 MD5 資訊摘要演算法（MD5 Message-Digest Algorithm），是一種常用的密碼雜湊函數，可以將資料產生一個 128 位元（16 位元組）的雜湊值（Hash Value），進一步確保資訊傳輸的完整性和一致性。其做法是對待簽名字串（也就是待傳輸的資料）進行 MD5 演算法簽名，產生的簽名資料（為 32 位小寫字元）也就是通常公共參數中 sign（簽名）的值。

通訊資料加密指對傳輸資料進行加密保護，主要是為了防止第三方偷窺資料資訊和洩露資訊，一般採用 DES、3DES、N-DES、AES 等對稱加密演算法進行處理。由於雙方都有金鑰，所以一旦金鑰洩露，整個傳輸通道傳輸的資料都將被破解，這樣一來影響面就非常廣。並且有一種情況就是可以對資料請求進行否認，接收方沒辦法確認是否為真實發送方發送的資料，所以對金鑰的安全儲存就十分重要了。在這個時期衍生出來另外一種方式，就是定期對金鑰進行升級，但始終解決不了資料否認的問題。

（3）非對稱加密演算法時期。在對稱加密時期解決不了資料否認的問題，密碼學家就在想是否可產生一對金鑰，用於互驗雙方的身份，這樣就可以防止資料否認了，所以最後由三位密碼學家發明了非對稱加密演算法。非對稱加密演算法是一對金鑰（由公開金鑰和私密金鑰組成），公開金鑰加密的資料只能由私密金鑰來解密，私密金鑰加密的資料只能由公開金鑰來解密。並且可以使用公開金鑰和私密金鑰進行資料完整性和一致性的驗證，也就是資料通訊中的加簽和簽章驗證。SSL/TLS 採用的就是非對稱加密演算法（RSA 演算法）。

（4）資料憑證時期。在網際網路時代，數位憑證是用於識別和認證各方身份的一種數字認證。人們可以用它來識別對方的合法身份。在支付系統中常用的就是 CA（Certificate Authority）憑證，CA 憑證是由憑證授權中心頒發的憑證，包含：憑證擁有者的身份資訊，用於證明憑證擁有者的身份；在 CA 機構的數位簽章中有一個金鑰對（公開金鑰和私密金鑰），用於保障身份的真實性；同時，公開金鑰和私密金鑰用於在傳輸和通訊過程中加解密，進一步保障通訊資訊的安全性。

6.4.2 安全性原則

所以，在支付企業的技術實現中，針對我們之前提出的介面安全需求，現在都有對應的安全性原則。

（1）防洩露和防偷窺。在中等安全等級時可以使用 AES、3DES 對稱加密演算法，對於資料安全等級高的情況，可以使用 RSA 非對稱加密演算法進行資料加密。在通道層面可以採用 SSL 或 TLS 安全傳輸通道。依據 Google 的建議，目前大部網站都啟用了 HTTPS 升級策略，支付系統對外公開的部分一般強制要求使用 HTTPS 通訊。

（2）防篡改。在中等安全等級時可以使用對稱的 MD5 資料簽名，但如果對資料安全等級要求較高，則可以使用 RSA 非對稱演算法進行資料簽名摘要和簽章驗證，同時可以使用資料憑證進行身份驗證。例如商業銀行發行的網銀盾牌硬體產品（U 盾）已經成為很多銀行的標準設定。

（3）防否認。必須使用 RSA 非對稱加密演算法進行簽名和非對稱加密。

（4）請求身份驗證。主要用於驗證某個網路請求是否由一個合法的請求者發起。HTTPS 處理這種身份授權和驗證的方法主要有 OAuth、HMAC Auth 等，不過通常採用 OAuth。OAuth（Open Authorization）又叫作開放授權，目前的版本是 OAuth 2.0，為使用者存取授權定義了一個安全、開放及簡單的標準，第三方請求授權時，無須知道使用者真實的帳號及密碼，只需知道存取的權杖資料（AccessToken），就可以取得使用者的授權資訊，然後對資源或 API 進行存取。

其實現程式與之前的終端安全實現程式基本一致，此處省略。

6.5 風控系統

在支付系統中管理著各種使用者帳號資料、資金交易資料和商貿運轉資料，這些都牽扯到商戶、使用者、通道商及第三方支付平台等的利益，如果出現壞帳和資金損失，則會對支付系統和企業信譽造成嚴重的影響，所以必須嚴格避開各種壞帳、詐騙、作弊、惡意退款、套現等風險。

風控系統，又叫作風險控制系統，是支付系統中的較為獨立的子系統，是資金安全的守護者，也是支付交易過程中的風險識別者、監管者、業務流程的決策者。風控系統主要用於在支付交易業務中識別出使用者是誰、是否合法、發生在什麼時間、做了什麼事、透過什麼通道、產生了什麼影響等，然後結合使用者往期的行為和信用資料，針對這些事件做出對應的決策和反應，即時識別風險、止損和防止使用者資金損失。

從技術架構層次來看，風控系統可以大致分為如圖 6-11 所示的三層。

帳戶風控	身份識別	支付交易風控	
反詐騙風控	信貸評估	事件風險定價	應用層
即時風控引擎	離線風控引擎	決策引擎	引擎層
資質評估中心	即時影像文字識別 (OCR)	身份核查中心	
生物特徵函數庫 (指紋、人臉、簽名)	進件資料管理中心 (進件平台)	案例案件函數庫 (異常事件管理)	資料層
合約管理平台	黑白名單管理	裝置/人物誌函數庫	

圖 6-11

（1）應用層。主要負責實際的登入、下單、支付等應用場景中的業務邏輯處理，例如：在帳戶風控應用場景中主要圍繞帳戶本身的安全性展開：登入裝置識別，即怎麼區分使用者是真人登入還是機器登入；反盜號，即出現帳戶異常登入和異常支付、下單的情況該怎麼應對；防刷，即優惠券、禮包防刷及商品防刷等。需要針對這些進行風險識別、資料分析、案件定性和後續流程啟動。

（2）引擎層。主要基於各個平台建設具有即時計算、離線計算及決策能力的風控執行引擎，在執行引擎之下是各個具有業務屬性的資料管理中心。例如：進行使用者授權和可信度評估的資質評估中心，主要有關授權過程中的即時風控模型,當用戶端請求支付後端授權時,即時風控引擎會將使用者資料、請求資料和裝置資料作為基礎物料輸入即時風控模型中,再由即時風控引擎計算和判斷此過程是否有相關風險及等級資料。

(3)資料層。主要負責多維度巨量資料的儲存與存取,其中包含上層引擎執行所需的基礎資料、使用者相關的生物特徵函數庫(例如:在人臉識別設定過程中擷取到的 2D 人臉、3D 人臉模類型資料;在指紋支付設定過程中擷取到的手指指模資料等)、商戶進件的資質資料資料和應用註冊資料、從風險異常事件沉澱下來的案件資料、合約(信貸、簽約等)管理資料、黑白名單資料及裝置資料資料等。

6.5.1 與支付系統的關係

風控系統在支付系統的很多其他子系統中都有用到,屬於一種公共的基礎服務系統。

當然,風控系統與支付系統之間的聯繫非常緊密,如圖 6-12 所示。風控系統資料層沉澱的很多資料都來自交易過程,依附於支付終端或前端的原始資料的擷取、處理和輸入,在交易過程中,支付系統又需要依賴風控系統的服務來幫助進行交易的風險識別和決策。

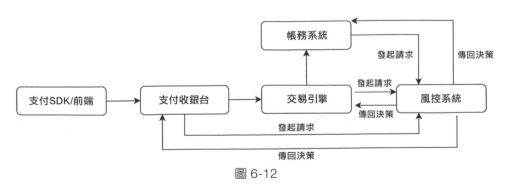

圖 6-12

在圖 6-11 中發起請求實質上是發起風控挑戰,「發起風控挑戰」是一個專業名詞,意思是將目前資料和業務流程上送到風控系統進行資料清洗、應用場景引用、資料分析、規則比對、決策資訊傳回等,將最後的決策結果傳回給業務流程,由業務流程再做出對應的啟動。

例如:一個失信使用者在網上購物時,電子商戶網站會將其訂單資料和使用者資訊提交給收銀台,收銀台收集到這些資料之後將資料發送給風控系統,風控系統經過運算後做出對應的決策,識別出這筆支付交易具有一定的風險等級,將限制部分信用支付通道和基金支付通道,僅提供金融卡或零錢包等風險較低的支付方式,不將其他支付方式返給收銀台頁面。

可以看到,風控系統對交易過程進行了即時分析(支付收銀台、交易引擎等)、離線分析(帳務系統)和追蹤處理,實現了對交易風險的預警、預判和決策,這樣可以識別出目前是否為高風險交易,發現詐騙交易行為的可能性,即時列出決策資訊到業務系統進行風險避開和防範,減少交易過程中的資產損失。

6.5.2 資料獲取

風控系統的資料獲取和建設是在支付系統正常營運過程中實現的,在遵守法律規定及獲得使用者授權的前提下擷取系統中各個業務流程的資料。

(1)涵蓋支付系統中的日常經營活動資料。例如使用者帳號登入、交易、支付推廣行銷、通道路由等資料。

(2)涵蓋支付系統線下和終端資料。例如商戶進件的資料和應用資料、支付終端識別的資料、使用者填寫的資料、交易中常用的 IP 地理位置資料等。

(3)涵蓋第三方系統擷取的基礎資料,例如支付交易資料、消費情況資料、社交屬性資料、使用者行為資料、信用授額和還款情況資料。例如使用者申請線上信用卡支付時被要求填寫的年齡、從事的職業、收入、學歷、工作單位、借貸情況和額度、住所和房產資訊、汽車、單位等資料。這些也會作為使用者信用評估的一部分。

支付收銀台中的信用支付方式（例如支付寶的花唄支付方式）主要利用了風控系統信用屬性強大的金融基礎資料，一方面利用這些基礎資料對使用者的還款能力、信用額度進行評分，另一方面識別向使用者展示和使用信用支付方式的風險。

在資料獲取完成之後，風控系統的基礎資料管理中心有義務對這批資料進行管理，包含資料傳輸及儲存安全、對外保密及資料符合規範輸出等。

6.5.3 風控畫像建置

風控畫像，也叫作風險資料畫像，它的建置主要以支付系統中為基礎的交易引擎、收銀台、帳戶系統、使用者註冊系統、商戶管理、通道管理系統及營運活動系統等參數和案例沉澱。

建置畫像的過程實質上是一個原始資料經過資料沉澱和訓練的資料處理的過程，最後輸出使用者身份畫像、資產負債畫像、消費畫像、裝置畫像及其他畫像，如圖 6-13 所示。

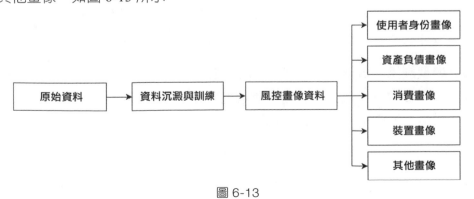

圖 6-13

其中，資料沉澱與訓練是一個十分重要的步驟，其中包含對原始資料的前置處理、清洗、標準、分類標記、模型訓練，下面針對各個過程說明。

（1）資料前置處理。這個過程主要是進行原始資料的格式和欄位檢查、特殊字元處理、欄位資料類型轉換和預設值補齊，其主要目的是讓資料順利進入格式化資料通道中。

（2）資料清洗。這個過程主要針對重複資料、異常資料進行處理，針對重複資料一般進行刪除處理，針對異常資料一般有三種處理方法：對於不能使用的資料直接刪除；對於不能填充預設資料的異常資料進行人工處理（人工判斷並糾偏資料）；對於常用類型和平均值的資料進行平均值填充、最可能值填充等。

（3）資料標準。這個過程實質上是對資料的欄位值進行重定義和規範化處理，其中包含欄位資料的資料字典的定義，例如：經過資料清洗之後的訂單資料中的訂單狀態欄位（儲存了付款成功、待付款、交易關閉等值）就很容易取出出資料字典，使用資料字典裡的數值取代文字串資料型態可以大量節省資料的儲存空間。

（4）資料標記。這個過程實質上是對資料的應用場景進行識別、分類，經過這個過程之後，資料會依據自己的特徵進入各個畫像資料倉儲中。其中的標籤包含使用者行為標籤、場景標籤、屬性標籤、訂製化標籤（例如遊戲、百貨企業相關的標籤）、習慣偏好標籤等。

（5）模型訓練。這個過程其實是協助風控系統針對離線和即時業務模型進行訓練（從建立、成長、成熟、衰落到終結），可以針對這個過程進行本身業務模型的擴充、最佳化等操作。

6.5.4 支付風控的過程

風控系統的能力輸出主要有三種方式：API、SDK 及 CLI 命令列介面。本文主要以伺服器 API 方式來説明對風控系統的呼叫。

如圖 6-14 所示是一個風控 API 的呼叫流程圖。

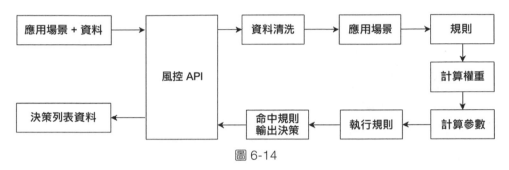

圖 6-14

支付交易資料包含所有進出支付系統相關的資訊，舉例來説，交易時間、交易貨幣、金額、交易對象、交易場景、交易頻度、退款頻度等，其中交易時間、貨幣、金額、場景及物件會在交易過程中表現出來，其他則是資料倉儲中的歸集資料。

在收銀颱風控過程中，我們會將交易資料和其他資料在某一種支付場景中透過風控 API 提交給風控系統，這時會進入風控系統內部進行處理。

（1）資料清洗。主要對提交的資料糾偏、規範化處理，處理資料中的重複資料、異常資料。

（2）應用場景。這裡包含對支付應用場景的判斷，例如線上和線下支付場景、零錢包支付場景和大額轉帳場景。針對不同的應用場景有不同的風控規則和計算模型，例如：零錢包支付場景是一種低壞帳率、低風險、快速的應用場景，所以模型中的規則設定就會針對這種場景進行特殊訂製。針對大額轉帳場景，風控系統中的模型規則會設定相關的人臉識別規則來判斷是否為本人操作，設定對方帳戶的名稱規則，要求轉帳人在轉帳過程中輸入收款人的姓名全稱。

（3）風控規則。指特定應用場景和設定中的規則集合，例如：針對大額轉帳場景設定交易頻率、交易時間、交易金額、持卡人所在省份、黑 / 白名單帳戶、交易天數等風險規則。其中的參數可能是這樣的：日交易頻率低於 3 次，超過 3 次時就可能需要到櫃檯操作，或第二天才能正常轉帳。交易金額規則設定一般為最高單日網路轉帳 5 萬，如果超過 1 萬，則要求轉帳時進行人臉識別等。

（4）計算權重。也叫作風險因數，一個風險規則是由一個或多個風險因數組成的。風險事件是由多個風險因數促成的，事件影響面的大小依賴於風險因數的相關數值。

（5）計算參數。主要是輸入資料的參數資料。

（6）執行規則。屬於規則引擎範圍，其中有關將資料登錄規則引擎裡面，然後根據計算規則輸出決策結果。

（7）命中規則，並輸出決策資料列表。決策引擎針對支付過程中複雜的業務邏輯，首先抽象、剝離、組合各個業務規則，然後進行不同的決策分支組合、連結操作，接著進行各層規則及規則樹運算，最後輸出決策結果列表。